新訂 牧野富太郎自叙伝

三四郎書館

新訂　牧野富太郎自叙伝

「新訂　牧野富太郎自叙伝」　目　次

第一部　牧野富太郎自叙伝

第二部　混混録《こんこんろく》

【凡例】

一、本書の底本は『牧野富太郎自叙伝』（講談社学術文庫：二〇〇四年）である。本版では左記のように表記、全体の構成を改めた。

一、漢字表記については、所→ところ、位→くらい、程→ほど、筈→はず、勿論→もちろん、段々→だんだん等、現代の仮名遣いの感覚に近い表記に改めた。

一、小学校の中高学年の生徒が、自分で読解できるように、適宜、漢字にルビを振った。

一、章の見出しを変更した他、小見出しを増やした。

一、読みやすいように、長いパラグラフには、適宜、段落を改めた他、長い文節には句読点を入れた。

一、注釈が必要な単語には、単語の下に［　］の記号を付け補足した他、より大きな注釈が必要な場合には【補注】という形で注釈を付けた。

一、文中に登場する主な植物には、初版（昭和十八年版）の『牧野日本植物図鑑』（北隆館）から図版を転載した他、写真を文中に挿入した。

一、第二部「混混録」は、内容、著者の記述した年齢等により、章の順番を入れ替えた。第三部「父の素顔」の代わりに、付記として「森鴎外と牧野富太郎」を挿入した。

第一部　牧野富太郎自叙伝

揺籃《ようらん》の地

わが故郷、佐川町《さかわちょう》

土佐の国、高岡郡《たかおかぐん》佐川町《さかわちょう》、この町は、高知から西へ七里《ななり》隔《へだ》たったところにあり、その周囲は山で囲まれ、その間に、ずっと田が連《つら》なり、春日川《かすががわ》という川が流れている。この川の側《かたわら》にあるのが佐川町《さかわちょう》である。南は山を負《お》った町になり北は開いた田になっている。人口は五千ぐらいの小さい町である。この佐川からは、いろいろな人物が輩出《はいしゅつ》した。現代の人では、田中《たなか》光顕《みつあき》・土方寧《ひじかたやすし》・古沢滋《ふるさわうろう》（迂郎が元の名）・片岡利和《かたおかとしかず》・土居香国《どいこうこく》・井原昂《いはらのぼる》などの名を挙げることができる。

古いところは、いろいろの儒者《じゅしゃ》があり勤王家《きんのうか》があった。この佐川町から多くの儒者が出たのは、ここに名教館《めいこうかん》という儒学《じゅがく》、つまり漢学《かんがく》を教える学校があり、古くから教育をやっていたためである。佐川には儒者が多く出たので「佐川山分《さかわさんぶん》学者あり」と、人がよくいったものである。山分《さんぶん》とは、土地の言葉で「山がたくさんあるところ」の意《い》である。

佐川の町は、山内家《やまのうちけ》特待《とくたい》の家老［筆頭家老《ひっとうがろう》］——深尾家《ふかおけ》の領地で、それがこの町の主権者であった。

明治の代《よ》になり文明開化の世になると、学校も前とは組織も変わり、後にはそこで科学・文学を教えるようになった。そうなったのが、明治五、六年の頃であった。

明治七年には、初めて小学校制が敷《し》かれたので、名教館《めいこうかん》は廃《はい》され、小学校になった。

佐川の領主――深尾家は主権者だが、その下に多くの家来《けらい》がいて、これらの武士は町の一部に住み、町の大部分には町人が住んでいた。そして町の外には農家があった。近傍《きんぼう》の村の人たちは、皆この町へ買い物にきた。佐川の町には、いろいろの商人がいて商売をしていた。佐川は、大変水のよいところなので、酒造《さかづく》りに適《てき》していたため数軒の酒屋があった。町の大きさの割には酒家が多かった。

富太郎、呱々《ここ》の声を挙《あ》げる

この佐川の町に、かく述べる牧野富太郎《まきのとみたろう》が生まれた。文久二年（一八六二）四月二十四日、呱々《ここ》の声を挙《あ》げたのである。牧野の家は酒造《さかづく》りと雑貨店（小間物屋《こまものや》といっていた。東京の小間物屋とは異《こと》なっている）を経営していた。家は町ではかなり旧家で、町の中では上流階級の一軒であった。父は牧野佐平といって、親族つづきの家から牧野家へ養子にきた人である。牧野家家《いえ》付《つき》の娘——久寿は、すなわち私の母である。

佐平と久寿の間に、たった一人の子として私は生まれた。私が四歳の時、父は病死し、続いて二年後には母もまた病死した。両親ともに三十代の若さで他界《たかい》したのである。私はまだ余り幼かったので、父の顔も母の顔も記憶にない。私はこのように両親に早く別れたので親の味というものを知らない。育ててくれたのは祖母で、牧野家の一人息子としてとても大切に育てたものらしい。小さい時は体は弱く、時々、病気をしたので注意をして養育された。祖母は私の胸に骨が出ているといって、ずい分心配したらしい。酒屋を継ぐ一人子として、大切な私だったのである。

生まれた直後、乳母《うば》を雇い、その乳母が私を守《も》りした。この女は、隣村《となりむら》の越知村《おちむら》から来た。その乳母の背に負《お》ぶさって乳母の家に行ったことがあった。その時、乳母の家の藁葺家根《わらぶきやね》が見えた時のことを、おぼろげに記憶している。これが私の記憶している第一のものである。その後、乳母に暇《いとま》をやり、祖母がもっぱら私を育てたのである。

酒屋は主人が亡くなったので、祖母が代わって采配《さいはい》を振るって家の面倒を見ていた。旧《ふる》い家であるので、自然に家の定《きま》りがついていて家が乱れず商売を続けていた。

家には番頭《ばんとう》——この男は佐枝竹蔵といった——がいて、よく家のために尽《つ》くしていた。この男は香美郡《かみぐん》の久枝村《ひさえだむら》から奉公《ほうこう》にきた人である。これがなかなかのしっかり者であり、後に独立して酒屋を営《いとな》んでいた。こういう偉い番頭がいたので、主人亡《な》き後もよく商売が繁昌《はんじょう》していた。

その頃のことでよく覚えていることは、私はよく酒男《さかおとこ》に押えつけられて灸《きゅう》をすえられたことである。それが病身の私を強くしたとも思う。

ある時番頭が、その頃極めて珍しかった時計を買ってきたことがあった。私は時計が不思議でその中を見たくてたまらず、時計を解剖してよく納得いくまで中を調べて見た。「誠太さんには困る」と皆がいった。「誠太郎」は、私の幼名である。

寺子屋で最初の教育

私はだんだん成長し、明治四、五年頃、寺子屋《てらこや》に行き習字を習った。寺子屋は佐川の町の一部―西谷《にしだに》にあり、土居謙護《どいけんご》という人がお師匠《ししょう》さんであった。そこでイロハから習った。そうするうちに、寺子屋を替えた。

佐川から離れた東の土地に目細《めほそ》というところがあって、そこに、伊藤徳裕《のりひろ》、号を蘭林《らんりん》(注)とい

【伊藤蘭林（一八一四〜九五）】 深尾家家臣、伊藤徳正の子。天文・暦算・書・武術に通じ、儒官として郷校名教館で教鞭をとる一方、私塾を開き、領民教育にも貢献した。幕末から明治期に、佐川町の文盛を支えた教育者として著名。牧野を初め、多くの逸材を世に出した。

う先生がいて、たくさんの書生を集め、主として、習字《しゅうじ》・算術《さんじゅつ》・四書《ししょ》・五経《ごきょう》の読み方を教えた。私はそこへ入門した。門弟《もんてい》は、大抵《たいてい》、お士《さむらい》の子弟で、私のような町人は、山本富太郎と私と同名の男と二人だけだった。

私がそこに入ったわけは、「世の中がこのように開けてきたから町人でも是非《ぜひ》学問をしなければいかん」というので入ったわけである。その時分には、まだ町人と士族とには区別があり士族は町人より上座《かみざ》に座り、食事の時などは士族は士族流に町人は町人流に挨拶《あいさつ》をしたものである。そこに行っておるうちに、寺子屋《てらこや》の制度が変わり寺子屋は廃《はい》されることになった。私は名教館《めいこうかん》に移った。

名教館《めいこうかん》で近代の学問に

その頃の名教館では、以前と異なり、日進月歩の学問を教えていた。そこでは訳書で地理・天文・物理などを教えていた。

その頃、物理のことを窮理学《きゅうりがく》といっていた。その時習った書物を挙《あ》げると、福沢諭吉《ふくざわゆきち》先生の『世界国尽《せかいくにづくし》』、川本幸民《かわもとこうみん》先生の『気海観瀾広義《きかいかんらんこうぎ》』（これは物理の本で、文章がうまく好んで読んだものである）、また『輿地誌略《よちしりゃく》』『窮理図解《きゅうりずかい》』『天変地異《てんぺんちい》』もあった。ここで私は、初めて日進《にっしん》の知識を大分《だいぶ》得た。

小学校を退校

そうしておるうちに、明治七年、初めて小学校ができ私も入学した。私は既《すで》に小学校に入る前に色々と高等な学科を習っていたのであるが、小学校では五十音から改めて習い、単語・連語、その他、いろいろのものを掛図《かけず》に就《つ》いて習った。本は師範学校編纂《しはんがっこうへんさん》の小学読本であった。博物図《はくぶつず》もあった。

その頃の学校には、ボールド［黒板］はあったが、初めチョークというものが来なかったので、「砥の粉《とのこ》」で字や画をかいたが、まもなくチョークが来た。

小学校は、上等・下等の二つに分《わ》かたれ、上等が八級、下等が八級あって、つまり十六級あった。試験によって上に進級し、臨時試験を受けて早く進むこともできた。私は明治九年頃、せっかく下等の一級まで進んだが嫌になって退校してしまった。嫌になった理由は、今分《わ》からないが、家が酒屋であったから小学校に行って学問をし、それで身《み》を立てることなどは一向《いっこう》に考えていなかった。

小学校教師の傍《かたわ》ら「英学」に触れる

小学校を退《ひ》いてからは本を読んだりして暮らしていたらしいが、別に覚えていない。

私はその前から植物が好きで、わが家の裏手にある産土神社《うぶすなじんじゃ》のある山に登って、よく植物を採《と》ったり、見たりしていたことを覚えている。こういう風に、悠々《ゆうゆう》遊んでいたわけだが、明治十年頃、ちょうど西南《せいなん》の役《えき》の頃《ころ》だったか、私のいた小学校の「先生になってくれ」といってきた。

その頃は、学校の先生といえば名誉に思われていたので、私は先生になり、毎日出勤して生徒を教えた。校舎は以前の名教館《めいこうかん》のであった。役名は授業生《じゅぎょうせい》というので、給料は月三円くれた。それで二年ばかりそこの先生をしていた。

それより少し前に、佐川に英学《えいがく》を入れた人がある。高知の県庁から長持《ながもち》に三つ英書《えいしょ》を借りてきたのである。地理・天文・物理・文典《ぶんてん》・辞書などがあった。そして、高知から英学の先生が二人雇《やと》われてきた。その中の一人を、長尾長といい、他の一人を矢野矢といった。二人とも似たような、珍《ちん》な名の先生であった。この二人の先生は、ABCから教えてくれた。だから私はかなり早くから英学を習った。

これは新知識を開くに極めて役立った。

その時分の本は、色々の『リイダァ』、文法では、アメリカの本で『カッケンボスの文典《ぶんてん》』『ピネオの文法書』、『グードリッチの歴史書』『パァレー万国史』『ミッチェルの世界地理』『コルネルの地理』『ガヨーの地理』（その時分、フランス語の発音が分《わ》からず「ガヨー」を「ガヨット」といっていた）『カッケンボスの物理学』『カッケンボスの天文学』、その他、いろいろな地図や算術書もあった。辞書では『エブスタアの辞書』、また英和辞書もあった。英和辞書のことは「薩摩辞書《さつまじしょ》」と呼んでいた。その時分、ローマ字の『ヘボンの辞書』などもあった。このように、佐川は他よりも早く英学を入れたわけである。

私はその頃、地理学に興味をもち、日本内地《ないち》はもちろん、世界の地図を作ろうと考えたこともあった。

高知の五松学舎《ごしょうがくしゃ》に入塾

私は小学校の先生をしていたが、学問をするには「どうも田舎《いなか》にいてはいかん、先に進んで出ねばいかん」と考え、小学校を辞《じ》し高知へ出かけた。

その頃、東京へ出ることなどは、まったく考えなかった。東京へ行くことなどは、外国へ行くようなものだった。

高知で私は、弘田正郎という人の五松学舎《ごしょうがくしゃ》という塾に入った。その頃は、まだ漢学が盛んであった。五松学舎は高知の大川筋《おおかわすじ》にあった。

入塾はしたが、あまり講義を聴きに行かなかった。弘田先生が「牧野という男が入塾したはずだが、さっぱり来んではないか」といったそうである。その頃、植物・地理・天文の本を見て、興味をもって勉強していた。五松学舎の講義は主に漢文だった。ここに数ヵ月いるうちに、コレラが流行したので、ほうほうの態《てい》で佐川に帰った。

コレラについては面白い話がある。その時分、コレラの予防には、石炭酸《せきたんすい》をインキ壺《つぼ》に入れ、それを鼻の孔《あな》になすりつけ予防だとしていた。鼻につけるとひりひり滲《し》みた。

五松学舎時代には、よく詩吟《しぎん》をした。その頃、よく詩集を写《うつ》したりした。吟詩《ぎんし》で想《おも》い出すが、私は現在の詩の吟《ぎん》じ方が気に入らない。詩には、起・承・転・結があり、転句《てんく》で転ずるのが、ラジオなどで聴いていると、転句のところで、まるで喧嘩《けんか》でもしているように怒鳴《どな》る。あれではいかん。もっと節廻《ふしまわ》しをよくやらにゃいかんと思う。

吟詩《ぎんし》は勢いついていいものだ。その頃の書生は、吟詩をやり、剣舞《けんぶ》をやり、なかなか勢《いきお》いがよかった。そんな風《ふう》だったから、道楽して芸者遊《げいしゃあそ》びをする風は少なかった。しかし、いわゆるお稚児《ちご》さん（土佐では「とんと」という）の風は相当にあったと思う。

私も世の書生と同じく、その頃は、吟詩などをやってなかなか威勢《いせい》がよかった。

永沼小一郎に植物学を学ぶ

明治十二年に高知へ丹後《たんご》の人、永沼小一郎という人がきた。この人は神戸の学校の先生で、高知の師範学校《しはんがっこう》の先生になってきたのである。

西洋語の多少できる人で、科学《サイエンス》のことをよく知っていて植物のことにも詳《くわ》しかった。永沼先生と私とは極めて懇意《こんい》になった。早朝から夜の十一時頃まで、話し続けたこともあったほどである。永沼先生は、ベントレーの植物の本を訳し、また土佐の学校にあった、バルホアーの『クラスブック・オヴ・ボタニイ』という本の訳もし、私はそれを見せてもらった。この人は実に頭のよい博学の人で、私はいろいろ知識を授けられた。

永沼先生は土佐に久しくいたが、その間、高知の病院の薬局長になったりした。化学・物理にも詳しく、仏教もよく知っていた。永沼先生は植物学のことをよく知っていたが、実際のことは余りよく知らなかったので、私に書物の知識を授《さず》け、私は永沼先生に実際のことを教えるという具合に、互いに啓発《けいはつ》しあった。

永沼先生は後に土佐を去り、東京で亡くなった。私の植物学の知識は、永沼先生に負《お》うところ極めて大である。

『本草綱目啓蒙《ほんぞうこうもくけいもう》』で植物名を調べる

明治十三年頃、佐川に西村尚貞という医者がいて、私はよくその家に遊びに行ったものだが、医者なので、いろいろのことを知っていた。この医者の家に小野蘭山《おのらんざん》(注)の

【小野蘭山（一七二九〜一八一〇）】江戸時代の代表的な本草学者。六次にわたり日本各地を採薬し、七十五歳の時に、日本最大の本草書である『本草綱目啓蒙』を脱稿。本草一八八二種を収録し、後に、その著を手にしたシーボルトに「日本のリンネ」と称賛された。

『本草綱目啓蒙《ほんぞうこうもくけいもう》』の写本《しゃほん》が数冊あって、いろいろの植物が載《の》っていた。私はそれを借りて写したが、あまり手数がかかるし欠本《けっぽん》もあるかもしれんので、この本が買いたくなった。それで洋《よう》品屋《ひんや》に頼んで大阪なり、東京なりから取り寄せてもらうことにした。まもなく、この本がきたが、それについて今でも想《おも》い出すことがある。

その時分、私はよく友人と裏山に行って遊んでいたが、ある時、山で遊んでいると、私の親友だった堀見克礼《かつひろ》という男が駆けつけて「重訂啓蒙《じゅうていけいもう》という本がきたぞ」と知らせてくれた。私は慌《あわ》てて山を駆け下り、頼んだ人の店へ駆けつけた。それが小野蘭山《おのらんざん》の『重訂本草綱目啓《じゅうていほんぞうこうもくけい》蒙《もう》』であった。

それ以来、私は明暮《あけくれ》この本をひっくり返して見ては、いろいろの植物の名を覚えた。当時は、実際の知識はあるが、名を知らなかったので、この本について多くの植物の名を知ることができた。

産土神社《うぶすなじんじゃ》の山は、頂上を長宗寺越《ちょうそうじご》えというが、その山を越えて下る坂道で、ちょうど秋の頃だったが、「もみじばからすうり」を採《と》りたくて行った時、丈《たけ》の高い菊科《きくか》のもので、白い花を付けている植物があった。名は無論《むろん》知らなかった。その後『本草綱目啓蒙』を見ていたら、「東風菜《こちな》」という個所に「しらやまぎく」というのが載っており、山で見たものと酷似《こくじ》してい

むかごにんじん

しらやまぎく

るので、翌日、再び山に登り、本と実物とを引き合せたところ、やはり「しらやまぎく」であった。私はその時、初めてこの草の名を覚えた。

山野の経験を書物と照合

私はその頃、盛んに山に草採《くさと》りに行ったが、かす谷というところで、面白い繖形《さんけい》科の植物が水際《みずぎわ》にあるのを見つけて零余子《むかご》が茎《くき》へ出ていたので、それを採って帰り、「むかごにんじん」であることを知った。また、町の外から水草を採ってき、家の鉢《はち》に浮かして置いたが、その草の名を知りたいと思っていると、家の下女《げじょ》が「びるむしろ」だといった。私は『救荒本草《きゅうこうほんぞう》』という本を高知で買って持っていたが、その中に、似《に》た草があったことを想《おも》い出し、調べた結果、この草は眼子菜《がんしさい》、「ひるむしろ」であることを初めて知った。また、町の近所で上に小さな丸い実のある妙な草があっ

ひるむしろ

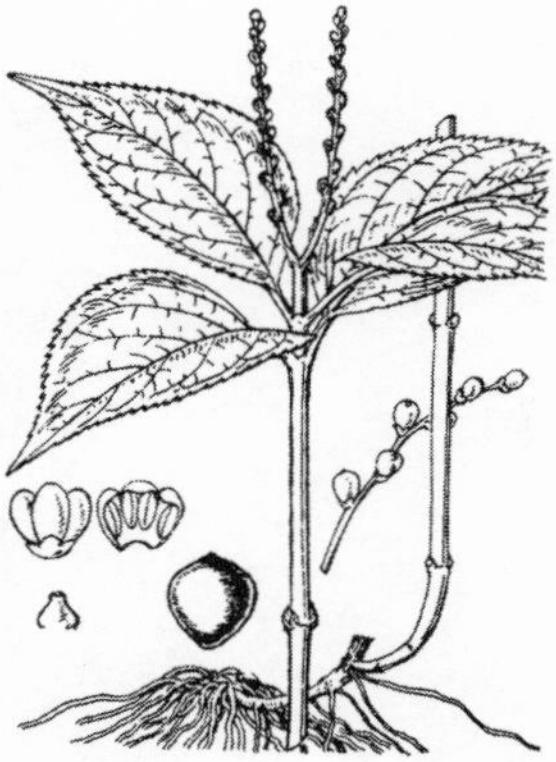

ふたりしずか

たので、『本草綱目啓蒙《ほんぞうこうもくけいもう》』で調べたところ、それは「ふたりしずか」であった。このように、自分の実際の知識と書物とで、名を覚えることに専念《せんねん》した。

前に述べた親友の堀見は、私より年少の男で、父君《ちちぎみ》は医者だったが、私は堀見の家で『植学啓《しょくがくけい》原《げん》』という本を見た。この本は三冊あり、宇田川《うだがわ》榕庵《ようあん》のつくった和蘭《オランダ》の本の訳本で、西洋の植物学を解説したものであったが、この本について植物学を勉強した。リンネの人工分類《じんこうぶんるい》（自然分類《しぜんぶんるい》でない）を習い、植物学の種々なる術語《じゅつご》をこの本について会得《えとく》した。この本は漢文で書いてあったので、自分で仮名混《かなまじ》りに翻訳した。

この時分には、植物の本に限らず、他の本も、いろいろ買っては読んだものである。

東京の勧業博覧会《かんぎょうはくらんかい》を見る

こうするうちに、もっと書籍が買いたくなり、また顕微鏡《けんびきょう》というものが欲しくなったりしたので、東京へ旅行することを思い立った。ちょうどその頃、東京では勧業博覧会《かんぎょうはくらんかい》が開催されていたので、その見物という意味もあった。明治十四年の四月に佐川を出発して東京への旅に上った。

当時、東京へ行くことは外国へ行くようなものだったので盛んな送別を受けた。同行者は、以前、家の番頭《ばんとう》だった佐枝竹蔵の息子の佐枝熊吉と旅行の会計係に一人実直《じっちょく》な男を頼んで、三人で佐川の町を出発した。佐川から高知へ出て高知から海路《かいろ》神戸に行った。生まれて初めて汽船《きせん》というものに乗った。

神戸の山々が禿山《はげやま》なのを見て、最初、雪が積もっているのかと思った。土佐の山には禿山はないからである。

神戸から京都までは汽車があったので、京都へ出、京都から歩いて、大津《おおつ》・水口《みなくち》・土山《つちやま》を経《へ》、鈴鹿峠《すずかとうげ》へ出、四日市《よっかいち》に出て横浜《よこはま》行の汽船《きせん》に乗った。

その間、慣《な》れない様々な植物を見た。茶筒《ちゃづつ》に入れて、国へ送り植えてもらった。「しらがし」などは極《きわ》めて珍しかった。「あぶらちゃん」の花の咲いた枝をとり、東京まで持って行った。

四日市から乗った汽船は、遠州灘《えんしゅうなだ》を通って横浜へ行くのであるが、外輪船《がいりんせん》であった。船の名は和歌浦丸《わかうらまる》と呼んだ。横浜まで三等船室にごろごろしていた。横浜から汽車で東京に着いた。神田の猿楽町《さるがくちょう》に郷里の人がいたので訪ね、下宿を世話《せわ》してもらい、同じ猿楽町に泊まることになった。下宿の窓から朝、富士の秀峰《しゅうほう》を見て感嘆《かんたん》したりした。

東京滞在中は、勧業博覧会を見たり、本屋で本を買ったり、機械屋で顕微鏡《けんびきょう》を買ったりした。山下町の博物局《はくぶつきょく》（今の帝国ホテルの辺《あたり》）へも行った。田中芳男《よしお》という人に初めて会った。博物局では、小野職愨《もとよし》・小森頼信という植物関係の人に会い、植物園を見せてもらったりした。ここで珍しい植物のある植木屋に教えてもらい、そこに行って、いろいろな植物を買った。

東京へ来た序《つい》でに日光《にっこう》へも行った。千住大橋《せんじゅおおはし》から日光街道《にっこうかいどう》を徒歩《かち》、または人力車で行くのだが、途中、宇都宮に一泊した。日光の杉並木を人力車で通り、中禅寺《ちゅうぜんじ》まで行った。

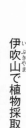

中禅寺の湖畔《こはん》に石ころが積んであり、その石ころの間から「にら」に似たものが生えていた。臭《にお》いを嗅《か》いでみると「にら」のようだった。いま考えると、それは「ひめにら」に違いないが、その後、日光で「**ひめにら**」を採《と》ったという人の話を聞かない。私が行ったのは、ちょうど五月頃で、未《いま》だ寒かったが、五月頃、探せば、いまでも何処《どこ》かに生えているかも知れぬ。

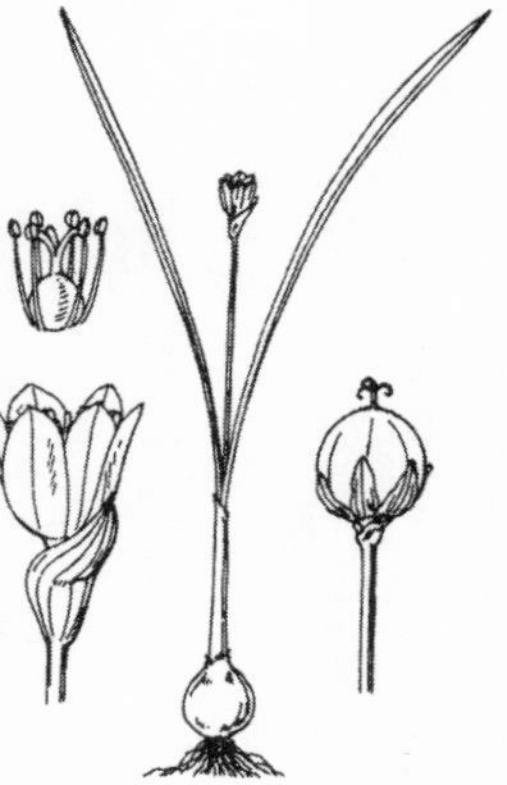

ひめにら

伊吹山《いぶきやま》で植物採取

日光から帰京すると、すぐ郷里へ帰ることになったが、帰路は、東海道《とうかいどう》を選んだ。横浜まで汽車で行き、後は、徒歩・人力車・乗合馬車《のりあいばしゃ》などで行った。服装は、田舎者丸出《いなかものまるだ》しの着物姿《きものすがた》だった。一週間ばかりで京都《きょうと》へ着くのであるが、私は関ヶ原辺《せきがはらあたり》で同行者と別れ、単身、伊吹山《いぶきやま》に登ることにして、他の者とは京都の三条《さんじょう》の宿で待ち合わすことにした。

伊吹山の麓《ふもと》では、薬業《やくぎょう》を営む人の家に泊まり山を案内してもらった。頂上までは登らなかったが（弥高《やたか》方面であった）、いろいろの植物を採集した。その時分には胴籃《どうらん》［採集した植物を入れるカバン］がなかったので、採った植物は紙の間に挟《はさ》んだりして持ってきた。泊まった家の庭に「あべまき」が薪《まき》にして積んであるのを珍しく思い土産《みやげ》に持ち帰った。

伊吹《いぶき》から長浜《ながはま》へ出、琵琶湖《びわこ》を汽船で渡り、大津《おおつ》へ出、京都《きょうと》で他の者と落ち合い、無事佐川に帰った。

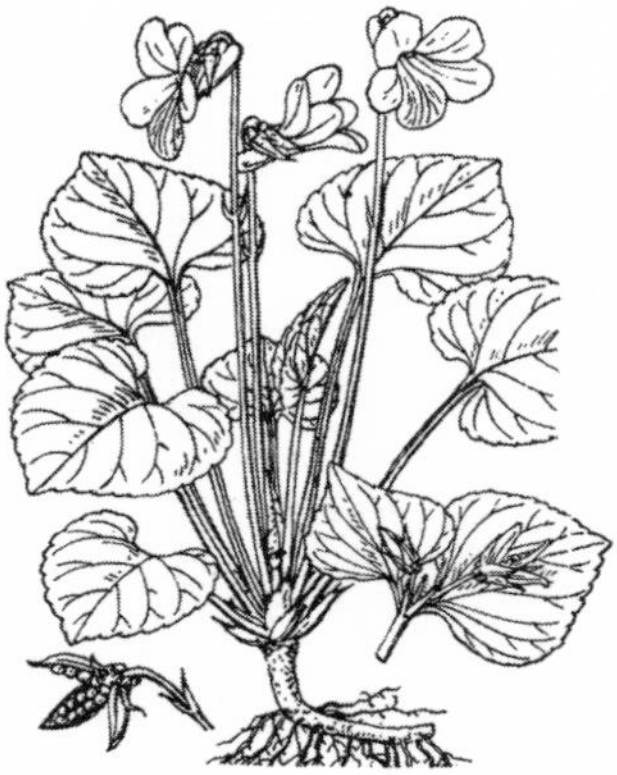

いぶきすみれ

伊吹山で採集したものの中には、なかなか珍しいものがあった。明治十七年に再度上京し、大学の松村〔任三《じんぞう》〕助手に会った時、私が伊吹で採った「すみれ」を見せたところ、この「すみれ」は、大学の標品中にもないもので大変珍しく、外国の文献により「ヴィオラ・ミラビリス」なることが分かり、和名がないので、「いぶきすみれ」

と命名された。

佐川町で理学会を設立

佐川へ帰ると、「大いに土佐の国で採集せねばいかん」と思い、佐川から西南地方の幡多郡《はたぐん》一円《いちえん》を人足《にんそく》を連れて巡《めぐ》り、かなりの日数を費《ついや》して採集して歩いた。

その頃、東京で出ていた農業雑誌に植物のことがよく出ていて、私はそれを見るのを楽しみにしていた。その中に、「科《ファミリィ》」のことが出ており「科」のことを覚えた。

私は郷里に科学《サイエンス》を拡《ひろ》めねばならんと思い立ち、理学会《りがくかい》なる会を設《もう》け、私が集めた科学書を皆に見せたり討論会を催《もよお》したり、演説会を開いたりした。私の郷里の若い人たちは、皆この理学会に入っていたものだ。場所は小学校を用いていた。私はこのように、私の郷里に科学《サイエンス》を早く入れたわけである。

佐川の町の人が科学《サイエンス》に親しむ風があったについては、佐川が有名な化石《かせき》の産地であることも与《あずか》って力ある。具石山《くいしやま》・吉田屋敷《よしだやしき》・鳥の巣などには化石の珍物《ちんぶつ》が出るので名高い。ナウマン［ドイツの地質学者］という鉱物学の先生や地質学の大御所《おおごしょ》だった小藤《ことう》文次郎先生なども、化石採集に佐川にきた。

小藤先生が佐川に見えた時、鼠色《ねずみいろ》のモーニング・コートを着ていられたが、私はその服が気に入り、小藤さんから服を借りて洋服屋を訪ね、それと同じものを注文したことがあった。

私もよく化石を採集したが、佐川の外山矯という人は化石蒐集家《かせきしゅうしゅうか》として特に名高《なだか》く、学者がきた時などは大変便利だった。

佐川に出る貝の化石の「ダオネラ・サカワナ」というのは、この佐川から出た化石に命名されたものである。

自由党から脱退する

当時は自由党が盛んで、「自由は土佐の山間《さんかん》から出る」とまでいわれ、土佐の人々は大いに気勢を挙《あ》げていた。本尊《ほんぞん》は、板垣退助《いたがきたいすけ》で、土佐一国は自由党の国であった。したがって私の郷里も全村《ぜんそん》こぞって自由党員であり、私も熱心な自由党の一員であった。

当時は、私も政治に関する書物を、ずい分読んだものだ。ことに、英国のスペンサーの本などは愛読した。人間は自由で平等の権利を持つべきであるという主張の下に、日本の政府も自由を尊重《そんちょう》する政府でなければいかん。圧制を行う政府は、打倒せねばならんというわけで、そこの村ここの村で盛んに自由党の懇親会《こんしんかい》をやり大いに気勢を挙げた。

私も、よくこの会に出席した。しかし、後に私は何も政治で身を立てるわけではないから、学問に専心《せんしん》し、国に報ずるのが私の使命であると考え、自由党から退《ひ》くことになった。自由党の人々も、私の考えを諒《りょう》とし、脱退を許してくれた。

自由党を脱退したことにつき想《おも》い出すのは、この脱退が芝居《しばい》がかりで行われたことである。隣村《となりむら》に越知村という村があり仁淀川《によどがわ》という川が流れていて、その河原が美しく広々としていたが、この河原で自由党の大懇親会《だいこんしんかい》が開かれたことがあった。私は党を脱退するにつき、気勢を挙げねばいかんと思い、紺屋《こうや》に頼んで旗を作り魑魅魍魎《ちみもうりょう》が火に焼《や》かれて逃げて行く絵を書いてもらった。佐川の我々の仲間は、この奇抜《きばつ》な旗を巻いて大懇親会に臨《のぞ》んだ。我々の仲間は、十五、六人ほどいた。

会場に入ると、各村々の弁士《べんし》たちが、入れ替わり立ち替わり熱弁を揮《ふる》っていた。その最中、私たちはその旗をさっと差し出し、脱退の意を表し、大声で歌をうたいながら会場を脱出した。この旗はいまでも保存されているはずである。

明治十五年、十六年の二年間は、もっぱら郷里で科学のために演説会を開催《かいさい》したり、近傍《きんぼう》に採集に出かけたり、採集物を標品にしたり、植物の図を画《か》いたりして暮らした。

東京大学で植物学に挑戦

上京を決意し、東京大学植物学教室に

明治十七年に、「どうもこんな佐川の山奥にいてはいけん」と思い、学問をするために東京へ出る決心をした。そして二人の連《つ》れとともに東京へ出た。

東京へ出て、各々《おのおの》下宿へ陣取《じんど》ることになった。私の下宿は、飯田町《いいだちょう》の山田顕義《やまだあきよし》という政府の高官《こうかん》の屋敷《やしき》近くで、当時、下宿代が月四円であった。

下宿の私の部屋は、採集した植物や新聞紙や泥《どろ》などで、いつも散らかっていたので、「牧野の部屋は狸《たぬき》の巣のようだ」と、よくいわれたものである。

同行の二人は学校へ入学したが、私は学校へは入らずにいるうち、東京の大学へ連《つ》れて行ってもらう機会がきた。

東京の大学の植物学教室は、当時、俗《ぞく》に青長屋《あおながや》(注)といわれていた。植物学教室には、松村任《まつむらじん》

【青長屋】もともと植物学教室は、神田一ツ橋の学士会館一帯にあった。明治十八年、本郷本富士町のキャンパスに引っ越したが、肝心の校舎の建設は遅延しており、病棟用として建てた「青長屋」と呼ばれる建物に入り、教授室、講義室、実験室の三室を使用していた。

三《ぞう》・矢田部良吉《やたべりょうきち》・大久保三郎《おおくぼさぶろう》の三人の先生がいた。この先生などは、四国の山奥からえらく植物に熱心な男が出て来たというわけで、非常に私を歓迎してくれた。私の土佐の植物の話などは、皆に面白く思われたようだ。

それで私には、「教室の本を見てもよい」「植物の標品も見てよろしい」というわけで、なかなか厚遇を受けた。私は暇《ひま》があると植物学教室に行き、お蔭《かげ》で大分《だいぶ》知識を得た。

当時、三好学《みよしまなぶ》・岡村金太郎《おかむらきんたろう》・池野成一郎《いけのせいいちろう》などは、まだ学生だったが、私は彼などとは親しく交際した。私は教室の先生たちとも親しく行き来し、松村任三・石川千代松《いしかわちよまつ》さんなどは、私の下宿を訪《たず》ねてくれたし、私も松村・大久保両氏とともに、矢田部さんの自宅に招かれて、御《ご》馳走《ちそう》にあずかったこともあった。

東京近郊での植物採集

その頃、東京近郊の採集は盛んにやったが、ある時、岐阜の学校にいた三好の同郷の男の森吉太郎という男が上京してきた折《おり》、三好・森・私の三人で、平林寺《へいりんじ》に採集に出かけたことがあった。その頃は、交通はまったく不便で、西片町《にしかたちょう》の三好の家から出発し、白子《しらこ》・野火止《のびどめ》・膝折《ひざおり》を経《へ》て、平林寺へ出るというコースで、往復十里余《おうふくじゅうより》も歩いた。

その時、平林寺の付近で、四国では見られない「かがりびそう」を初めて採集したことを覚えている。

くちなしぐさ
（かがりびそう）

三好学と私とは仲がよかった。三好はどちらかというと、もちもちした人づきの悪い男だった。岡村金太郎は、三好とは反対の性格で、気持ちの極めてさらさらした男だった。三好と岡村とは、よく喧嘩《けんか》をした。岡村が書庫の鍵《かぎ》を失《な》くし、三好がそれを教授に言いつけたとかで、えらい喧嘩のあったこともあった。

池野成一郎とも私は大変親しくした。池野は頭のよい男でフランス語が上手《じょうず》だったが、英語も一寸《ちょっと》の間に便所の中かどこかで簡単に覚えてしまった。池野については別に詳《くわ》しく述べることにする。

東京の生活が飽きると、私は郷里へ帰り、郷里の生活が退屈になると、また東京へ出るという具合に、私は郷里と東京との間を、だいたい一年ごとに往復した。

市川延次郎《いちかわえんじろう》（後に田中と改姓）・染谷徳五郎《そめやとくごろう》という二人の男が、当時、選科《せんか》の学生で植物学教室にいたが、市川は器用《きよう》な男でなかなか通人《つうじん》であり、染谷は筆をもつのが好きな男だった。私はこの両人とは、極めて懇意《こんい》にしていた。市川の家は千住大橋《せんじゅおおはし》にあり酒店だったが、私はよく市川の家に遊びに行った。

「植物学雑誌」を創刊

ある時、市川・染谷・私と三人で、相談の結果、植物の雑誌を刊行しようということになった。原稿もでき、体裁《ていさい》もできたので、一応、矢田部先生に了解を求めておかねばならんと思い、先生にこの旨《むね》を伝えた。

その時、矢田部先生がいうには、当時、すでに存在していた東京植物学会には、まだ機関誌がないから、この雑誌を学会の機関誌にしたいということであった。このようにして、明治二十年、私たちの作った雑誌が土台となり、矢田部さんの手がそれに加わり、「植物学雑誌(注)」創刊号が発刊されることとなった。

白井光太郎《しらいみつたろう》(注)君などは、この雑誌が続けばよいと、危惧《きぐ》の念《ねん》を抱《いだ》いていたようだ。

当時、この種の学術雑誌としては、すでに「東洋学芸雑誌」があったが、「植物学雑誌」が

【植物学雑誌】日本植物学会が刊行する学術雑誌。この雑誌に牧野は新種「ヤマトグサ」を発表し、日本人として国内で初めて新種に学名をつけた。他、平瀬作五郎のイチョウの精子論文、池野成一郎のサテツの精子論文、南方熊楠の粘菌目録など、歴史的にも貴重な論文を掲載してきた。

【白井光太郎（一八六三〜一九三二）】植物病理学者、菌類学者。ドイツに留学し植物病理学を研究する。未開拓だった植物寄生菌の写生図や標本を持ち帰った他、博物学、本草学、考古学にも造詣が深く、史蹟名勝天然紀念物の保存にも深く関与した。

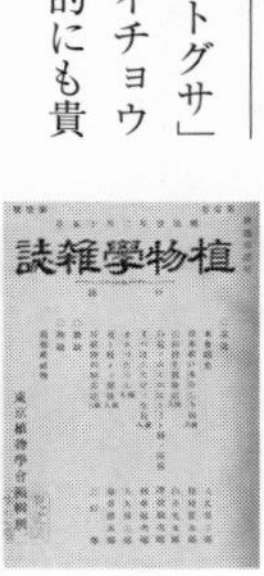

発刊されると、まもなく「動物学雑誌」「人類学雑誌」が相《あ》い継《つ》いで刊行されるようになった。

私は思うに、「植物学雑誌」は、武士《さむらい》であり、「動物学雑誌」の方は、町人《ちょうにん》であったと思う。というわけは、「植物学雑誌」の方は文章も雅文体《がぶんたい》で精練《せいれん》されていたが、「動物学雑誌」の方は、文章も幼稚《ようち》ではるかに下手《へた》であった。

当時「植物学雑誌」の編集の方法は、編集幹事《へんしゅうかんじ》が一年で交代する制度だった。堀正太郎《ほりしょうたろう》君などは、横書きを主張し、堀君の編集した一ヵ年だけは雑誌が横書きになっている。

雑誌は各頁、子持線《こもちせん》で囲まれ、きちんとしていて気持ちがよかった。そのうち、いつの間にか、この囲み線は廃止されたが、私は今でも雑誌は、囲み線で囲まれているのがよいと思っている。

小石川の植物園には、中井誠太郎という人が事務の長をしていた。この人は笑い声に特徴《とくちょう》があった。現在の植物学教室の教授をしている中井猛之進《なかいたけのしん》君の父君《ちちぎみ》である。

私は盛んに方々に採集旅行をしたが、日光《にっこう》・秩父《ちちぶ》・武甲山《ぶこうさん》・筑波山《つくばさん》などにはよく出かけた。

日本初の「植物誌」に挑戦

自分は植物の知識が増えるにつけ、「日本には植物誌がないから、どうしてもこれを作らねばならん」と思い、これが実行に取り掛《か》かった。

植物の図や文章をかくことは、別に支障はなかったが、これを版にするについて困難があった。私は当時（明治十九年）東京に住む考えは持っていなかったので、やはり郷里に帰り、土佐で出版する考えであった。郷里で出版するには、自身印刷の技術を心得《こころえ》ていなければいけんと思い、一年間、神田錦町《かんだにしきちょう》の小さな石版屋《せきばんや》で石版印刷《せきばんいんさつ》の技術を習得した。石版印刷の機械も一台購入し、郷里へ送った。

しかしその後、出版はやはり東京でやる方が便利なので、郷里でやる計画は止めにした。この志《こころざし》は、明治二十一年十一月になって結実し、『日本植物志図篇《にほんしょくぶつしずへん》』第一巻第一集が出版された。私の考えでは、図の方が文章よりも早わかりがすると思ったので、図篇《ずへん》の方を先に出版したわけであった。

この第一集の出版は、私にとって、まったく苦心の結晶であった。日本の植物誌《しょくぶつし》を初めて打ち建てた男は、この牧野であると自負している。

破門草《はもんそう》事件の真相

明治十九年頃は、大学では植物を研究していたが、まだ学名をつけることはせず、ロシアの植物学者マキシモヴィッチ氏へ標品を送って学名を決めてもらっていた。私も標品をマキシモヴィッチ氏に送っていた。マキシモヴィッチ氏は、私に大変、厚意を寄せてくれ、本を送って来るにつけても、大学に一部、私に一部という風《ふう》であった。

その頃、「破門草《はもんそう》事件」という事件があった。ことの真相を知っているのは今日では私一人

とがくししょうま

であろう。

　それは矢田部良吉教授が戸《と》隠山《がくしやま》で採集した「とがくししょうま」の標品を、マキシモヴィッチ氏に送った。ところがマキシモヴィッチ氏は、その植物を研究したところ、新種であったので、これに矢田部さんにちなんで「ヤタベア・ジャポニカ」という名をつけた。それについても、少し材料が欲しいから、標品を送るように手紙が教室にきた。

　この手紙のことをある時、教室の大久保さんが、その頃、よく教室にきた伊《い》藤篤《とうとく》太郎《たろう》(注)君に話した。大久保さんは、伊藤の性質をよく知っているので、この手紙を見せるが、お前が先に名を付けたりしないという約束をした。ところが、その後、三ヵ月ほど経《た》って、イギリスの植物雑誌の「ジョーナル・オブ・ボタニイ」誌上に、同じ植物に関し、伊藤が報告文を載《の》せ、「とがくししょうま」に「ランザニア・ジャポニカ」なる学名を付《ふ》して公表していた。

【伊藤篤太郎】（一八六六～一九四一）植物学者。祖父は本草学者の伊藤圭介。私費でケンブリッジ大学に留学し、教師を勤めながら沖縄諸島の植物収集を行い、後に、松村任三と『琉球植物説』を発表。東北帝国大学に生物学科が新設されると講師となった。著書に『大日本植物図彙』がある。

これを見て、矢田部・大久保両氏は、大変怒り、伊藤篤太郎に対し、教室出入りを禁じてしまった。このことから、「とがくししょうま」のことが「破門草《はもんそう》」と呼ばれたわけである。

私は、伊藤君は確かに徳義上《とくぎじょう》よろしくなかったが、同情《どうじょう》すべき点もあったと思う。「とがくししょうま」は、矢田部氏が採集する前に、すでに伊藤がこの植物を知っていて「ポドフィルム・ジャポニクム」なる名を付し、それがロシアの雑誌に出ていた。だから、彼にして見れば、自分が研究した植物に「ヤタベア」などと名をつけられては、面白くなかったのだろうと思う。

『日本植物志《にほんしょくぶつし》』を松村博士が絶讃

『日本植物志』第一巻第一集が出たのは、明治二十一年十一月であったが、当時、大学の助教授であった松村任三《じんぞう》(注)先生は、私のこの出版を非常に褒《ほ》めたたえてくれ、私のためにとくに批評の筆をとられ、その中には、「余《よ》は今日只今《こんにちただいま》、日本帝国内に、本邦植物図志《ほんぽうしょくぶつずし》を著《あらわ》すべき人は、牧野富太郎氏一人あるのみ」の句さえあった。

【松村任三】（一八五六～一九二八）植物学者、小石川植物園の初代園長。ソメイヨシノなど百五十種以上の植物に学名を付け、江戸時代の本草学と欧米から学んだ近代植物学の橋渡しをした。また、植物の分類のための植物解剖（形態）学という新しい学問を広めた。

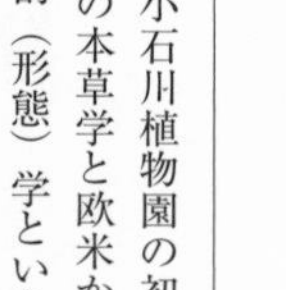

松村先生は、当時、独逸《ドイツ》から帰朝《きちょう》されたばかりで、もっぱら植物解剖学《しょくぶつかいぼうがく》を専攻され、分類学はまだやっておられなかった。

図篇の版下は、すべて自分で画《か》き、日本橋区呉服橋《にほんばしくごふくばし》にあった刷版社《さっぱんしゃ》で石版《せきばん》印刷にし、神田区《かんだく》神保町《じんぼうちょう》にあった敬業社で売らしていた。この図篇は、第二集、第三集と続いて出版された。

ロシアのマキシモヴィッチ氏は、これに対し、非常に中の図が正確であるといって、遥々《はるばる》絶讃の辞《じ》を送ってきた。

矢田部博士との決裂

図篇第六集が出版されたのが、明治二十三年であったが、この年、私には思いもよらぬことが起こった。というのは、大学の矢田部良吉(注)教授が、一日私に宣告して言うには、「自分もお前とは別に、日本植物志を出版しようと思うから、今後お前には教室の書物も標品も見せることは断る」というのである。私は、はなはだ困惑して呆然《ぼうぜん》としてしまった。

【矢田部良吉】（一八五一～一八九九）植物学者、東京大学初代植物学教授。キレンゲショウマの学名（Kirengeshoma palmata Yatabe）にその名を残した。文学にも造詣が深く、外山正一、井上哲次郎とともに『新体詩抄』を上梓した。

私は麹町富士見町《こうじまちふじみちょう》の矢田部先生宅に先生を訪ね、「今日本には植物を研究する人は極めて少数である。その中の一人でも圧迫して、研究を封ずるようなことをしては、日本の植物学にとって損失であるから、私に教室の本や標品を見せんということは撤回してくれ。また先輩は後進を引き立てるのが義務ではないか」と懇願《こんがん》したが、矢田部先生は頑《がん》として聴《き》かず、「西洋でも、一つの仕事のでき上るまでは、他には見せんのが仕来《しきた》りだから、自分が仕事をやる間は、お前は教室にきてはいかん」と強く拒絶された。

私は大学の職員でもなく学生でもないので、それ以上、自説を固持《こじ》するわけにはゆかなかったので、悄然《しょうぜん》と先生宅を辞《じ》した。

当時、私は日本で初めて「むじなも」を発見していたが、その研究を大学でやることが不可能になったので困惑していたが、池野成一郎君の厚意で、ともかくも駒場《こまば》の農科大学の研究室でこの研究を続行することができた。私は矢田部教授の処置《しょち》に痛く失望悲憤《しつぼうひふん》し、自分に厚意をもつマキシモヴィッチ氏を、遠く露都《ろと》に訪《と》わんと決心した。ところが幸か不幸か、突然、マキシモヴィッチ氏の急死の報に接し、私のロシア行きの計画は中止のやむなきに至った。当時、所感《しょかん》を次のように綴《つづ》った。

所感

結網学人

専攻斯学願樹功
微躯聊期報国忠
人間万事不如意
一身長在轗軻中
泰西頼見義侠人
憐我衷情傾意待
故国難去幾踟躕
決然欲遠航西海
一夜風急雨霏霏
義人溘焉逝不還
倏忽長隔幽明路
天外伝訃涙潸潸
生前不逢音容絶
胸中鬱勃向誰説
天地茫茫知己無
今対遺影感転切

私がもし、当時、マキシモヴィッチ氏の下《もと》に行っていたならば、私の自叙伝もこの先、まったく異なったものとなったわけである。

「むかでらん」の学名を発表

私はここに矢田部先生のそういう圧迫に抗《こう》し、いかなる困難も排除し、『日本植物志』を続刊しようと決心し、自分の採集した新しい植物に学名を付《ふ》し、記載文《きさいぶん》を書き、これを誌上に発表してやろうと決心した。池野君もこれに賛成し、色々と助力を与えてくれた。

その頃、わが国では植物に学名を付《ふ》すことは、まだ誰もやっていなかったが、私は『日本植物志』第七集から率先して植物に学名を付し、記載文《きさいぶん》を発表し始めた。この第七集に初めて、学名及び記載文を付して発表した植物は「**むかでらん**」であった。

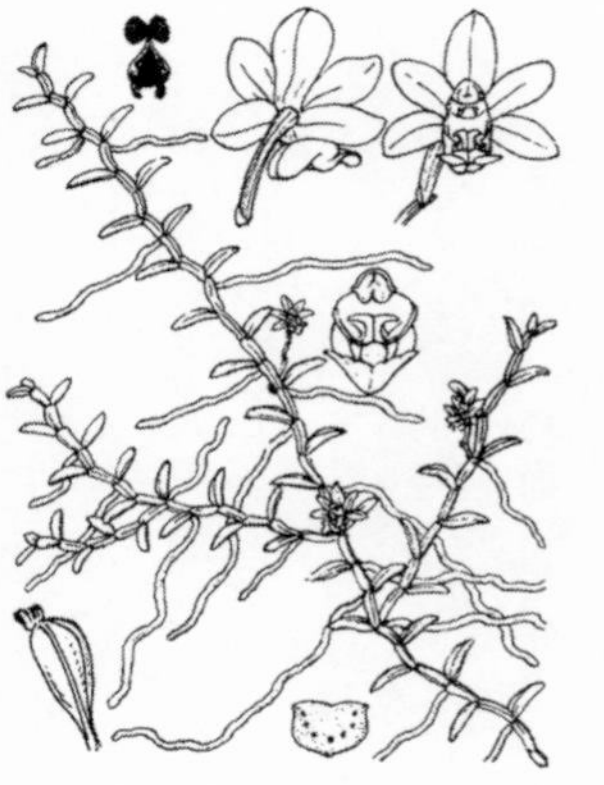

むかでらん

第七集は、明治二十四年四月に出たが、続いて、どしどし刊行され、同年十月には、第十一集に達した。これらの出版は、私が民間にあってやっていたもので、まったくの自費出版であった。第十二集の準備をしている時、郷里から財産《ざいさん》整理《せいり》のため、一応、帰国してくれと慫慂《しょうよう》してきたので、私は明治二十四年、晩秋に高知へ帰った。

私は帰国に当たり、今度、上京したら、矢田部先生と大いに学問上の問題で競争しようと決意した。矢田部先生が常陸山《ひたちやま》であるならば、私は褌《ふんどし》かつぎであるから相撲《すもう》としても申し分のない対手《あいて》だった。

菊池・杉浦両先生からの同情

菊池大麓《だいろく》・杉浦重剛《じゅうごう》先生は私の同情者であって、矢田部先生の処置を不当として私に対し、非常な好意を示された。杉浦先生は、国粋主義《こくすいしゅぎ》の「日本新聞」および「亜細亜《あじあ》」なる雑誌を主《しゅ》宰《さい》しておられたが、矢田部をたたかねばいかんといわれ、「亜細亜」誌上に、牧野の『日本植物志』は、矢田部のものより前から刊行されており、内容も極めて優《すぐ》れていると書いて、大いに私を引き立ててくれた。

高知で西欧音楽の普及活動

郷里へ帰ると、ある日、新聞社の記者に誘われて、高知の女子師範《じょししはん》に初めて西洋音楽の教師として赴任《ふにん》してきた、門奈九里という女の先生の唱歌《しょうか》の練習を聴《き》きに行った。高知では当時、西洋音楽というものが極めて珍《めずら》しかったのである。

私はこの音楽の練習を聴いていると、拍子《ひょうし》のとり方からして間違っていることを感じ、「これはいかん、ああいう間違った音楽を、土佐の人に教えられては、土佐に間違った音楽が普及してしまう」と思い、校長の村岡某へこの旨《むね》を進言した。

校長は私の言《げん》のごときには、まったく耳を傾《かたむ》けなかったので、私はその間違いを技術の上で示そうと思い立ち、高知西洋音楽会なるものを組織した。この会には、男女二、三十人の音楽愛好家が集《つど》った。会場は高知の本町にあった満森徳治という弁護士の家であった。そこにはピアノがあった。またオルガンを持ち込んだり色々の音楽の譜《ふ》を集めた。

私はこの音楽会の先生になって、軍歌だろうが、小学唱歌集だろうが、中等唱歌集だろうが、大いに歌って気勢を挙《あ》げた。ある時は、お寺を借りて音楽大会を催《もよお》した。ピアノを持ち出し、私がタクトを振って指揮をした。土佐で西洋音楽会が開かれたのは、これが開闢《かいびゃく》以来、初めてであったので、大勢の人が好奇心にかられて参会した。

この間、私は高知の延命館《えんめいかん》という一流の宿屋に陣取《じんど》っていたので、大分散財《だいぶさんざい》した。かくて、明治二十五年は高知で音楽のために狂奔《きょうほん》しているうちに、夢のように過ぎてしまった。

後に上京した折《おり》、東京の音楽学校の校長をしていた村岡範為馳《むらおかはんいち》氏や、同校の有力者に運動して、優秀な音楽教師を土佐に送るよう懇請《こんせい》した結果、門奈さんは高知を去ることになった。

矢田部教授、罷免《ひめん》される

私が郷里で音楽普及に尽力している頃、東京では矢田部教授罷職《ひしょく》事件が起こっていた。

大学当局が、矢田部良吉教授を突如《とつじょ》、罷職にしたのである。その原因は、菊池大麓《だいろく》先生と矢田部先生との権力争いであったといわれる。

大学教授を罷職にされた矢田部良吉先生は木から落ちた猿も同然で、憤慨《ふんがい》してもどうにも仕方なかった。私は学問上の競争対手《あいて》としての矢田部教授を失ったわけである。

矢田部先生、罷職の遠因は、いろいろ伝えられているが、先生は前に森有礼《ありのり》に伴《ともな》われ、外遊したこともあり、なかなかの西洋かぶれで鹿鳴館《ろくめいかん》にダンスに熱中したり、先生が兼職《けんしょく》で校長をしていた一橋の高等女学校で教え子を妻君《さいくん》に迎えたり、「国の基《もとい》」という雑誌に「良人《おっと》を選ぶには、よろしく理学士か、教育者でなければいかん」と書いて物議を醸《かも》したりした。当時の「毎日新聞」には、矢田部先生をモデルとした小説が連載され、図まで入っていた。

矢田部先生は、伊豆韮山《いずにらやま》の人で、父君《ちちぎみ》は、江川太郎左衛門《たろうざえもん》に仕《つか》えた人であった。令息《れいそく》は、今日、音楽界に活躍しておられる矢田部勁吉《けいきち》氏である。

矢田部先生は、罷職後も「植物志を続けねばいかん」といい、教室に出てきて『日本植物図解』を三冊出版されたが、後は出なかった。また、先生歿後《ぼつご》、『日本植物編』が一冊出版された。矢田部先生は、大学を退《ひ》かれて後、高等師範学校《こうとうしはんがっこう》の校長になり、鎌倉で水泳中溺死《できし》し、非業《ひごう》の最期を遂《と》げられた。

家の財産が底を尽く

『大日本植物志』を委《まか》される

矢田部先生、罷職のことがあった直後、大学の松村任三《じんぞう》先生から郷里の私のところへ手紙で、「大学へ入れてやるから至急上京しろ」といってきた。私は「家の整理がつき次第、上京する、よろしく頼む」と書いて返信し、明治二十六年一月上京した。やがて私は、東京帝国《とうきょうていこく》大学助手《だいがくじょしゅ》に任《にん》ぜられ、月俸《げっぽう》十五円の辞令《じれい》をうけた。

大学へ奉職《ほうしょく》するようになった頃には、家の財産もほとんど失《な》くなり、家庭には子供も増えてきたので暮らしはなかなか楽ではなかった。私は元来《がんらい》、鷹揚《おうよう》に育ってきたので十五円の月給だけで暮らすことは容易なことではなく、止《や》むなく借金をしたりした。借金もやがて二千円余りもでき、暮らしが面倒になってきた。

その時、法科の教授をしていた同郷の土方寧《やすし》君は、私を時の大学総長・浜尾新《あらた》先生に紹介してくれ、私の窮状《きゅうじょう》を伝え、助力方《じょりょくがた》を願った。浜尾先生は、「大学に助手は大勢いるのだから、牧野だけ給料を上げてやるわけにはいかんが、何か別の仕事を与え、特別に給料を出すようにしよう」といわれ、大学から『大日本植物志(注)』が出版されることになり、私がこれを担

東京帝大理学部植物学教室での富太郎（高知県立牧野植物園提供）

当することになった。
費用は、大学紀要《だいがくきよう》の一部より支出された。私は浜尾先生のこの好意に感激し、私は『大日本植物志』こそ、私の終生《しゅうせい》の仕事として、これに魂《たましい》を打ち込んでやろうと決心し、「もう、これ以上のものはできないというほどのものを出そう。日本人は、これくらいの仕事ができるのだということを、世界に向かって、誇り得《う》るような立派なものを出そう」と、意気込《いきご》んでいた。
『大日本植物志』こそ、私に与えられた一大事業であったのである。

【大日本植物志】 壮年期の牧野が全精力を傾注し、「終生の仕事」として挑戦した記念碑的著作。明治三十三年～四十四年にかけて「第1巻第1集」から「第4集」までが刊行された。「第1集」の巻頭図には、日本の代表する植物「ヤマザクラ」を採用。

松村博士との軋轢《あつれき》

その頃から松村任三《じんぞう》先生は、次第に私に好意を示されなくなった。その原因は、私が「植物学雑誌」に植物名をしばしば発表していたが、松村先生の『日本植物名彙《にほんしょくぶつめいい》』の植物名と抵触《ていしょく》し、私が松村先生の植物名を訂正するようなことがあったりしたので、松村先生は私に「雑誌に余り書いてはいかん」といわれた。またある人の助言で、松村先生も対抗的に「植物学雑誌」に琉球《りゅうきゅう》の植物のことなど盛んに書かれたりした。このように松村先生は、学問上からも感情上からも私に圧迫を加えるようになった。

……私は大学の職員として松村氏の下にこそおれ、別に教授を受けた師弟の関係があるわけではなし、氏に気兼《きが》ねをする必要も感じなかったばかりでなく、情実《じょうじつ》で学問の進歩を抑《おさ》える理窟はないと、私は相変《あいかわ》らず盛んにわが研究の結果を発表しておった。それが非常に松村氏の忌諱《きき》にふれた。松村氏は元来好い人ではあるが、狭量《きょうりょう》な点があって、これを大変に怒ってしまった。

他にもなお、松村氏から話し出された縁談のことが成就《じょうじゅ》しなかったので、それでも大分感情を害したことなどあり、それ以来、どうも松村氏は、私に対して絶えず敵意を示されるようなことになった。事毎《ことごと》に私を圧迫する。人に向かって、私の悪口をさえいわれるという風《ふう》で、私は実に困った。……

『大日本植物志』は余り大きすぎて、持ち運びが不便だとか、文章が牛の小便のように長たらしいから、縮《ちぢ》めねばいかんとかいわれた。そのうち、松村先生は『大日本植物志』を、牧野以外の者にも書かすといい出した。私は『大日本植物志』は、元来、私一人のためにできたものなので、総長に相談したところ、「それは牧野一人の仕事だ」といわれたので、松村先生の言《げん》を聴かなかった。『大日本植物志』は第四集まで出たが、四囲《しい》の情勢が極めて面白くなくなったので、中絶《ちゅうぜつ》するの止《や》むなきに至った。

教室の人々の態度は、極めて冷淡なもので、『大日本植物志』の中絶を秘《ひそ》かに喜んでいる風にさえ見えた。

『大日本植物志』のごとく、綿密な図を画《か》いたものは、斯界《しかい》にも少ないから、日本の学界の光を世界に示すものになったと思っている。あのくらいの仕事は、なかなかできる人は少ないと自負している。今では、私ももう余りに年老《としお》いて、もう再び、同様のものを打ち建てる気力はないが、『大日本植物志』こそ、私の腕《うで》の記念碑であると私は考え、自ら慰《なぐさ》めている次第である。

神聖な研究室に執達吏《しったつり》が

大学の助手時代初給十五円を得ていたが、何せ、いかに物価が安い時代とはいえ、一家の食費にも足りないありさまだった。月給の上らないのに引き換え、子供は次々に生れ、十三人もできた。財産は使い果たし、一文《いちもん》の蓄えもない状態だったので、食うために仕方なく借金もしなくてはならず、毎月そちこちと借りるうちに利子《りし》はかさんでくる。

そのうちに執達吏《しったつり》に見舞《みま》われ、私の神聖《しんせい》なる研究室を蹂躙《じゅうりん》されたことも一度や二度ではなかった。積《つ》み上げた夥《おびただ》しい標品、書籍の間に座《ざ》して、茫然《ぼうぜん》として彼などの所業《しょぎょう》を見守るばかりであった。一度などは、遂に家財道具が競売《けいばい》に付《ふ》されてしまい、翌日、知人の間で工面《くめん》した金でやっと取り戻したこともあった。

家賃も滞《とどこお》りがちで立ち退《の》きを命ぜられ、引越しを余儀《よぎ》なくされたこともしばしばであった。なにしろ、親子十五人の大家族だから、二間《ふたま》や三間《みま》の小さな家に住むわけにもゆかず、その上、標品を蔵《しま》うに、少なくとも八畳二間《はちじょうにま》が必要ときているので、なかなか適当な家が見つからず、その度《たび》に困惑して探し歩いた。

こうした生活の窮状《きゅうじょう》を救い、一方は、学問に貢献《こうけん》しようとして『新撰《しんせん》日本植物図説』を刊行した。その序文には、次のようにしたためてあった。

『新撰《しんせん》日本植物図説』の序文

余多年意ヲ本邦ノ草木ニ刻シテ日々ニ其品種ヲ探リ其形色ヲ察シ其異同ヲ弁《べん》ジ其名実ヲ覈《ただ》シ集メテ以テ之ヲ大成シ此ニ日本植物誌ヲ作ルヲ素志《そし》トナシ我身命ヲ賭《と》シテ其成功ヲ見ント欲ス嚢《さき》ニハ其宿望遂ニ抑フ可カラズ僅カニ一介書生ノ身ヲ以テ敢テ此大業ニ当リ自ラ貲《し》ヲ擲《なげう》ツテ先ヅ其図篇ヲ発刊シ其事漸ク緒《ちょ》ニ就《つき》シト雖《いえど》モ後幾《いくば》クモナク悲運ニ遭遇シテ其

梓行《しこう》ヲ停止シ此ニ再ビ好機来復ノ日ヲ待ツノ止ム可カラザルニ至レリ居ルコト年余偶々《たまたま》乏《ぼう》ヲ理科大学助手ニ承ケ植物学ノ教室ニ仕フ裘葛《きゅうかつ》ヲ更《か》フル此ニ四回時ニ同学新ニ大日本植物誌編纂ノ大業ヲ起コシ海内幾千ノ草木ヲ曲尽シ詳説《しょうせつ》ヲ経《けい》トシ精図ヲ緯《い》トシ以テ遂ニ其大成ヲ期シ洵《まこと》ニ此学必須《ひっす》ノ偉宝ト為サント欲ス余幸ニ其空前ノ成挙ニ与リ其編纂ノ重任ヲ辱《かたじけの》フスルヲ得テ年来ノ宿望漸ク将ニ成ラントスルヲ欣《よろこ》ビ奮ツテ自ラ其説文ヲ起コシ其図面ヲ描キ拮据《きっきょ》以テ日ニ其業ニ従ヘリ而シテ其書タル精ヲ極メ微《び》ヲ闡《ひら》キ以テ本邦今日日新学術ノ精華ヲ万国ニ発揚スルニ足ルベキモノト為サント欲スルニ在ルヲ以テ之ヲ済《な》ス必ズヤ此ニ幾十載ノ星霜ヲ費ス可ク其間日夜孳々《しし》事ニ之レ従ヒ其精神ヲ抖擻《とそう》シ其体力ヲ竭尽《けつじん》スルニ非ザルヨリハ何ゾヨク此大業ヲ遂ゲ以テ同学企図ノ本旨ニ副《そ》フヲ得ンヤ此ニ於テカ専心一意之ニ従事センガ為メニ始メテ俗累《ぞくるい》ヲ遠《とおざ》クルノ必要ヲ見ル」余ヤ土陽僻陬《どようへきすう》ノ郷ニ生レ幼時早ク我父母ヲ喪《うしな》ヒ後初メテ学ノ門ニ入リ好ンデ草木ノ事ヲ攻《おさ》メ復歳華《またさいか》ノ改マルヲ知ラズ其間斯学ノタメニハ我父祖ノ業ヲ廃シ我世襲《せしゅう》ノ産ヲ傾ケ今ハ既ニ貧富地ヲ易《か》ヘ疇昔《ちゅうせき》ノ煖飽《だんぽう》ハ亦何《い》レノ辺ニカ在ル蟋蟀《こおろぎ》鳴キテ妻子ハ其衣ノ薄キヲ訴ヘ米櫃《べいき》乏ヲ告ゲテ釜中《ふちゅう》時ニ魚ヲ生ズ心情紛々寧《いずくん》ゾ俗塵ノ外ニ超然《ちょうぜん》タルヲ得ン耶」既ニ衣食ノ愁アリ塵外《じんがい》ノ超然得テ望ム可ラズ顧レバ附托ノ大任横ハツテ眼前ニ在リ進ンデ一ニ身ヲ其業ニ委スル能ハズ此ニ於テカ余ハ日夜其任務ノ尽ス能ハザルヲ憂《うれ》ヒ其公命ニ負《そむ》クノ大罪ヲ惧《おそ》レ又遂ニ我素志ノ果ス可ラザルヲ想ヒ時ニ心緒《しんちょ》乱レテ麻ノ如キモノアリ」余今ハ既ニ此大業ヲ執リテ矻々《こつこつ》事

ニ是レ従フト雖モ俗累肘《ぞくるいちゅう》ヲ内ニ掣シテ意ノ如クナラズ其間歳月無情逝《ゆき》テ人ヲ待タズ而シテ人生寿ヲ亨《う》クル能ク幾時ゾ今ニシテ好機若シ一度逸セバ真ニ是レ一生ノ恨事《こんじ》之ニ過グルナシ千思《せんし》又万考《ばんこう》速《すみやか》ニ我身ヲ衣食ノ煩累《はんるい》ト絶ツノ策ヲ画スルノ急要ナルヲ見又今日本邦所産ノ草木ヲ図説シテ以テ日新ノ教育ヲ翼《たす》ク可キ者ノ我国ニ欠損《けっそん》シテ而シテ未ダ備ハラザルヲ思ヒ此ニ漸ク一挙両得ノ法ヲ覓《もと》メ敢テ退食《たいしょく》ノ余暇ヲ偸《ぬす》ンデ此書ヲ編次シ乃《すなわ》チ書賈《しょこ》ヲシテ之レヲ刊行セシメ一ハ以テ刻下教育ノ須要ニ応ジ一ハ以テ日常生計ノ費ヲ補ヒテ身心ノ怡晏《いあん》ヲ得従容《しょうよう》以テ公命ニ答ヘント欲ス而シテ余ヤ素《も》ト我宿志《しゅくし》ヲ遂ゲレバ則チ足ル故ヲ以テ彼ノ大学企図ノ大業ニ従フヲ以テ我畢生《ひっせい》ノ任トナシ其任ヲ遂グルヲ以テ我無上の娯楽トナスノ外敢テ富貴ヲ望ムニ非ズ今ヤコノ書ノ発刊ニ臨ミテ之ヲ奇貨《きか》トシ又何ゾ妄《みだ》リニ巧言《こうげん》ヲ弄《ろう》シテ世ヲ瞞《あざむ》キ以テ名ヲ干《もと》メ利ヲ射ルノ陋醜《ろうしゅう》ヲ為サンヤ敢テ所思ヲ告白シテ是ヲ序ト為ス」

時ニ明治三十年又二年己亥一月中澣《ちゅうかん》

結網《けつもう》学人　牧野富太郎　識

この書籍も、私の生活を救うことにはならなかった。

貧乏学者の妻

その間、私の妻は、私のような働きのない主人にも愛想《あいそ》をつかさず、貧乏学者に嫁いできたのを因果だと思ってあきらめてか、嫁に来たての若い頃から芝居も見たいともいわず、流行の帯一本欲しいといわず、女らしい要求一切を放って、陰《かげ》になり陽《ひ》になって絶えず自分の力となって尽くしてくれた。

この苦境にあって、十三人もの子供にひもじい思いをさせないで、とにかく学者の子として育て上げることは、まったく並大抵《なみたいてい》の苦労ではなかったろうと、今でも思い出す度《たび》に可哀《かわい》そうな気がする。

こうして過ぎゆくうちにも、松村教授との睽離《けいり》のことがあって、私の月給はなかなか上げてもらえなかった。箕作《みつくり》〔佳吉〕学長は、私に「君の給料も上げてやりたいが、松村君を差し置いてはできない」といわれた。

この苦境の中にあって、私は決して負けまいと決心し、他日の活躍に備え、潜勢力《せんせいりょく》を貯えるのがよいと考え、論文をどしどし発表した。しかし、金銭の苦労はともすれば、研究を妨げ、流石《さすが》に無頓着《むとんちゃく》な私も、明日はいよいよ家の荷物が全部競売《けいばい》にされるという前の晩などは、頭の中が混乱して、じっと本を読んでもいられなかった。この苦しい時に、私は歯をくいしばりながら一心に勉強し、千頁以上の論文を書きつづけた。この論文が、後に私の学位論文となったものである。

植物採集と新発見

池野成一郎博士との親交

池野成一郎(注)君は、明治二十三年、東大の植物学教室を卒業したが、私は彼とは極めて親しく交際した。池野と私とは自然に気が合っていたというのか、親友の間柄であった。東京郊外への採集にも二人でしばしば出かけた。「アズマツメクサ」は、明治二十一年、日本に産することが、初めて分かった植物だが、これも私と池野とが大箕谷《おおみや》八幡下《はちまんした》の田圃《たんぼ》で一緒に発見したものだ。

池野は非常に学問のできる秀《ひい》でた頭脳の持主で、かの世界的発見たるソテツの精虫《せいちゅう》の発見などは、あまりにも有名な業蹟《ぎょうせき》である。平瀬作五郎のイチョウの精虫発見なども池野に負《お》う

【池野成一郎(一八六六~一九四三)】植物学者。平瀬作五郎のイチョウの精子発見を助け、自らもソテツの精子を発見した。イチョウやソテツ類は、シダやコケ類のような原始的植物と同様「精子を形成する」ことを報告し、世界的な反響を呼んだ。植物学教室内で疎外される牧野をよく助け、牧野は、セリ科エキサイゼリの学名として「Apodicarpum Ikenoi Makino」を呈じた。

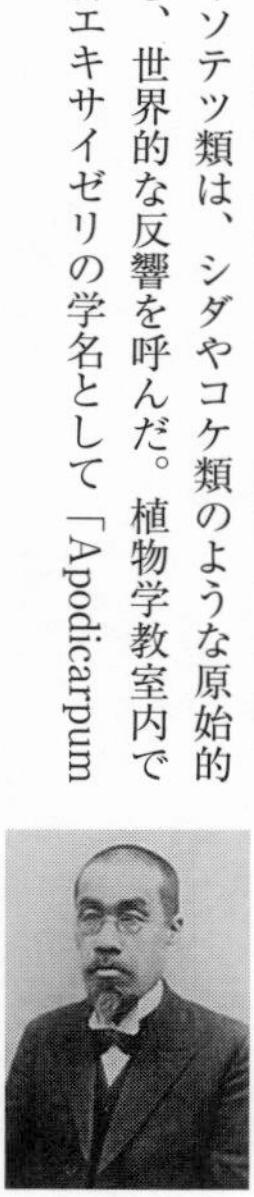

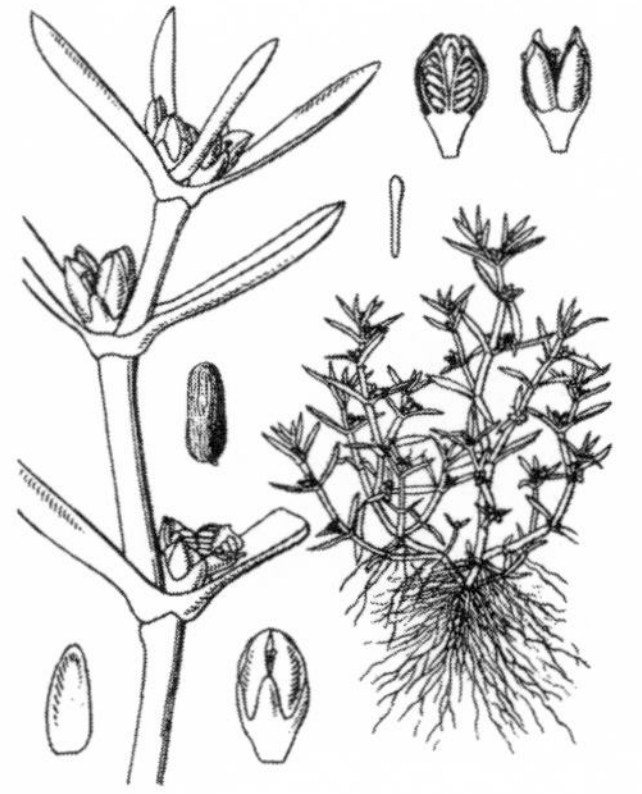

あづまつめくさ

ところが少なくない。

池野は初めから私に対し人一倍親切であったし、私も池野に最も親しみを感じていた。『日本植物志』の刊行に際《さい》しても、また、矢田部教授の圧迫を受けた時も、私は同君の大いなる助力を受けた。池野の友誼《ゆうぎ》は私の忘れ得ないものだ。

大学卒業後、池野は滅多《めった》に植物学教室へ見えなかったが、たまには来た。私は他から「僕は牧野君がいるからそれで行くのだ」といっていたと聞き、この上もなく嬉しく感じた。池野が夏に私の家へ訪ねて来ることがあると、早速、上着を脱ぎ両足を高く床柱《とこばしら》へもたせ、頭を下にし体を倒《さかさま》にして話をしたりしたものだ。こんな無遠慮《ぶえんりょ》なことが平気なほど二人は親しかったのだ。

青山練兵場《れんぺいじょう》の「なんじゃもんじゃ」

池野がまだ学生の頃、青山練兵場のナンジャモンジャの木（この木は本名を「ヒトツバタゴ」という）の花を採《と》ろうと話し合い、夜中に採集を強行したことがあった。樹が高くてとれないので、一人の人力車夫《じんりきしゃふ》を雇《やと》ってきて樹に登らせ、その花枝《かし》を折らせた。夜中で人が見ていない

ひとつばたご

から自由に採れたし、練兵場《れんぺいじょう》も荒れていて、この樹も後年のように大事がられなかったので採集に成功したわけである。

それに学術資料を採《と》るのだから、そう罪にはなるまいと考えた。この時の花の標品が、いまなお、私のハァバリウム［植物標本室］の中に保存されているが、ナンジャモンジャの木は寿命が尽きて、数年前には枯れてしまったので、今では当時の標品が、またと得難《えがた》き記念標品となっている。また、当時、本郷《ほんごう》の春木町《はるきちょう》に、梅月という菓子屋《かしや》があって、ドウラン(注)と呼ぶ栗饅頭式《くりまんじゅうしき》の菓子《かし》を売っていた。形が煙草《たばこ》入れの胴籃《どうらん》見たようで、この名があったのだが、大層《たいそう》うまかったので、池野と二人で度々《たびたび》食いに行ったものである。

【ドウラン】刻《きざ》みタバコを入れるための小型のカバンのような入れ物。江戸時代に発達した喫煙具の一種で、ドウラン(胴乱)の中に刻みタバコを入れ、キセルに詰めて喫煙した。野外採集時に植物を入れる円筒状、あるいは、長方形の携帯用ケースもドウランという。

世界的な発見の数々

昔、徳川時代の学者は木曾《きそ》や日光《にっこう》に植物採集に出掛《でか》け、ずい分苦心したというが、私の採集旅行の足跡《そくせき》に比べたらものの数ではないと思う。

私は胴籃《どうらん》を下げ、根掘《ねほ》りを握《にぎ》って、日本国中の山谷《さんこく》を歩き回って採集した。しかも、それは昔の人とは比べものにならないほど頻繁《ひんぱん》で、かつ綿密なものであった。なるべく立派な標品を作ろうと、一つの種類もたくさん採取塑定《さいしゅそてい》し、標品に仕上げた。この標品の製作には、私はほとんど人の手を借りたことはなかった。こうした努力の結晶は、今日、何十万の標品となって、私のハァバリウム〔植物標本室〕に積《つ》まれている。

私はこれらの標品を、日本の学問のために一般に陳列し、多くの人々の参考に供《きょう》したいと、つねづね考えているが、資力《しりょく》がないためにできず、塵《ちり》に埋らせておくを残念に思っている。

私はこうして実地に植物を観察し、採集しているうちに、ずい分と新しい植物も発見した。その数、ざっと、千五、六百にも達するであろうか。また、属名・種名を正したり、学名を冠《かん》したりした。そのため、私の名は少しく世に知られてきた。

私の発見中、世に誇り得るものと考え、植物学上、大いなる収穫であったと信ずるものの名を次に挙げて見たい。

やまとぐさ

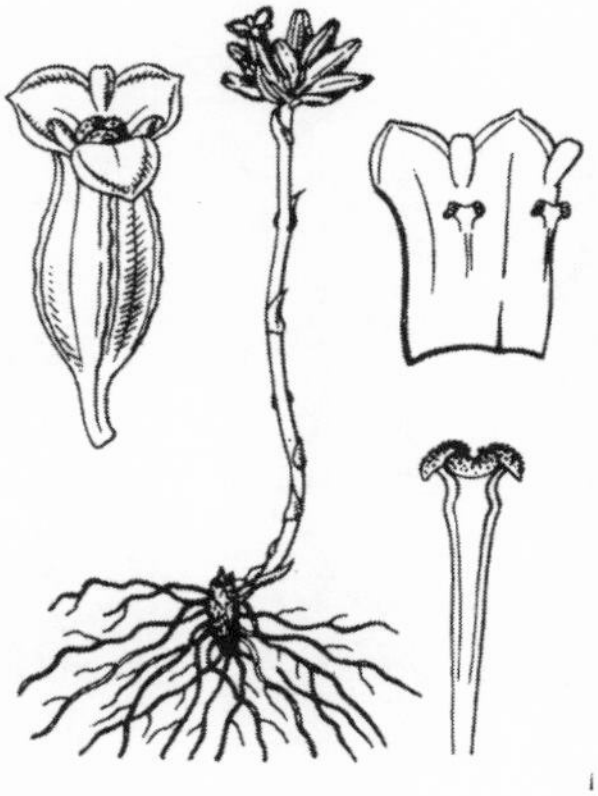

ひなのしゃくじょう

二つの「珍草」を発見

明治十六年に、時の東京大学御用掛《ごようがかり》で、植物学教室に勤務していた大久保三郎氏が、当時、大学で発行していた「文芸志林《ぶんげいしりん》」に、伊豆天城山《いずあまぎやま》で珍しい寄生植物《きせいしょくぶつ》を発見した、この種類は、多分、ラフレッシア科のものであろうと発表されたが、私がその前後に、郷里の土佐で見つけていたツチトリモチ属の一種の標品を大学に送ってみると、はたして私の考え通り、同属のものであったので、「バラノホラ・ジャポニカ・マキノ」という学名で発表した。

同じく十六年に、矢田部博士発見の「**ヒナノシャクジョウ**」を土佐の故郷で採集し、ロシアのマキシモヴィッチ氏に送り学名を得たこともあった。明治十七年に、私は初めて「**ヤマトグサ**」を土佐で採集したが、その翌年に、渡辺という人がその花を送ってくれたので、私は大学の大久保君とともに研究し、学名を付し発表した。これによって、初めて日本に「ヤマトグサ科」という新しい科名を見るに至った。この属のものは、世界においてただ三種、すなわち、欧洲《おうしゅう》に一、支那《しな》に一、わが国に一という珍草《ちんそう》である。

小岩村で「むじな藻《も》」を発見

明治二十一年頃に、ミゾハコベ科の「エラチネ・オリエンタリス・マキノ」という植物を発表した。

明治二十三年五月十一日、ハルゼミは、最早ほとんど鳴き尽くして、どこを見ても青葉若葉の五月十一日、私はヤナギの実の標本を採ろうとして、一人で東京を東にへだたる三里ばかりの、元の南葛飾郡小岩村伊予田《ようだ》におもむいた。江戸川の土堤内の田の中に、一つの用水池があって、その周囲にヤナギの類が茂って小池を掩《おお》っていた……。

と、私の採集記には、その頃のことを、こんな風に書き出している。

その江戸川の土堤内の用水池の周囲にヤナギが茂っているので、その実を手折《たお》ろうとした刹《せつ》那《な》、ふと水面《みなも》を見ると、異形《いぎょう》なものが浮かんでいるので、早速とりあげて見たが、まったく見慣れぬ水草なので驚いて大学へ持ち帰り、皆に見せると皆も非常に驚いたが、矢田部教授

むじなも

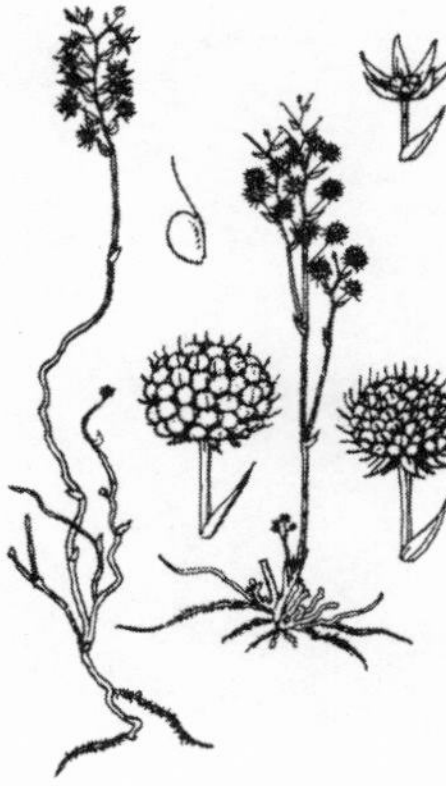

ほんごうそう

は、書物の中に思い当たるものがあるといい、その学名を探してくれたが、これは当時わずかに、欧州《おうしゅう》と印度《いんど》と豪州《ごうしゅう》の一部とにのみ産するといわれた「ムジナモ」であった。後に、黒竜江《こくりゅうこう》の一部、朝鮮《ちょうせん》、満洲《まんしゅう》にも発見されるようになったが、当時、この発見は、まさに青天《せいてん》の霹靂《へきれき》の感があったものだ。

これと前後して私は、「ヒシモドキ」という隣《りん》邦《ぼう》支《し》那《な》にのみ産するといわれていた植物を発見し、三十五年には、伊勢《いせ》の本郷《ほんごう》というところで、寺岡、今井、植松の三氏の採集した新種を研究したところ、本邦で初めて発見されたものであったので、これに学名を下し、「ホンゴウソウ」なる和名を付した。この植物は全体が紫色《むらさきいろ》の小草《おぐさ》で、葉がなく生えている様《さま》は、一寸《ちょっと》植物とは思えない姿をしている。

同じ頃、土佐で時久という人が、同属のものを

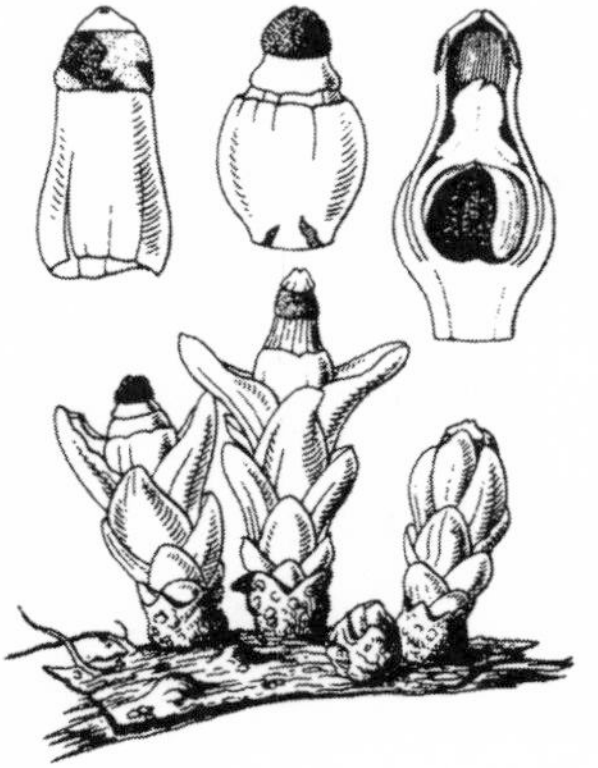

やっこそう

一種とって見せにきたが、これには「トキヒサソウ」、一名、「ウエマツソウ」なる和名及び学名を付した。この二種は、みな熱帯産《ねったいさん》のもので、これをわが国に得たことは分布学上《ぶんぷがくじょう》に興味ある問題をなげた。

　明治三十六年には、当時、東京博物館の天産課に勤務されていた桜井氏から、恵那山《えなさん》付近でとった標品を送られたが、これも、わが国新発見のものであり、美濃《みの》出身の三好学君とこの桜井氏に敬意を表するために「ミヨシア・サクライイ・マキノ」なる学名を付したが、その後、不幸にして、マレー産に同属のものがあったのを知り、これを改称《かいしょう》した。しかるに、欧米の学者はユリ科に入れているが、私はこれは新科《しんか》をつくるものとして、研究した結果「ペトライア・ミヨシア・サクライイ・マキノ」とした。

　明治四十年に、私は日本の南部に「ヤッコ草」という新属新科のものを発見し、「ミトラステモン・ヤマモトイ・マキノ」とした。これは最も珍しい植物である。

受難、悪戦苦闘の日々

研究生活、第一の受難

私の長い学究生活《がっきゅうせいかつ》は、いわば受難の連続で、断《た》えず悪戦苦闘《あくせんくとう》をしながら今日に来たのであるが、まずこれを前後二つの大きい受難としてみることができる。

私は土佐の出身で、学歴をいえば、小学校を中途までしか修《おさ》めないのであるが、小さい時から自然に植物が好きで、田舎ながらも独学で、この方面の研究は熱心に続けていたのである。

それで、明治十七年に東京へ出ると、早速、知人の紹介で、大学の教室へ行ってみた。時の教授は、矢田部良吉氏で、松村任三《じんぞう》氏はその下で助手であった。それで矢田部氏などに会ったが、何でも「土佐から植物に大変熱心な人が来た」というので、皆で歓迎《かんげい》してくれて、教室の本や標品を自由に見ることを許された。それから私は、始終、教室へ出かけて行っては、ひたすら植物の研究に没頭した。

その当時、日本にはまだ「植物志」というものがなかったので、一つこの「植物志」を作ってやろう——そういうのが私の素志《そし》であり目的であった。もと私の家は酒屋で、多少の財産もあり、両親には早く別れ、兄弟は一人もないので、私がその家をついだので、財産は自由になるから、その金で私は東京へ出たのである。で、「植物志」を出版するには、土佐へ帰ってゆっくりやろうという考えであった。

しかし、「植物志」を作るには図を入れなければならぬが、その当時、土佐には石版《せきばん》の印刷所がない。そこで一年間、石版屋へ入って、石版印刷の稽古《けいこ》をしたのであった。それに自分でいうのも変だが、私は別に図を描くことを習ったわけではないが、生来、絵心《えごころ》があって、自分で写生などもできる。そこで特に画家を雇《やと》うて描かせる必要もないので、まずどうにか独力でやってゆけると考えたのである。

ところが、そのうちに郷里へ帰ることが、だんだん嫌になって、一つ東京でこれを出版してやろうという気になり、いよいよ著述にかかった。もっとも当時は、植物学が今のように発展せぬ時代だから、そんな物を出版したところで売れはしない。で、出版を引き受ける書店のあろうはずもないので、自費でやることを決心し、取り合えず『日本植物志図篇《にほんしょくぶつしずへん》』という図解を主にしたものを出版した。もちろん薄っぺらなものではあったが、連続して六冊まで出した。大学の教室へ行って、そこの書物や標品を参考にしていたことはいうまでもない。

しかるに、この時になって、矢田部博士の心が変わってきた。ある日、博士は私に対《むか》って「実は今度自分でこれこれの出版をすることになったから、以後、学校の標品や書物を見ることは遠慮《えんりょ》してもらいたい」

こういう宣告を下された。大学からみれば、私は単なる外来者であるから、教授からこうい

われてみれば、どうしようもないが、私は憤慨《ふんがい》にたえないので、矢田部博士の富士見町の私宅を訪ねて、

「今、日本には植物学者が大変少ない。だから植物学に志《こころざ》す者には、できるだけ便宜《べんぎ》を与えるのがわが学界のためである。かつ先輩としては、後進《こうしん》を引き立てて下さるのが、道であろうと思う。どうか私の志《こころざし》を了《りょう》として、いままでのように、教室への出入りを許していただきたい」

そういって、大いに博士を説《と》いてみたが、博士は肯《うべな》ってはくれなかった。

ロシア行きを目指すも

私が思い切ってロシアへ行こうと決心したのは、その時である。ロシアには、マキシモヴィッチ(注)という学者がいて、明治初年に函館《はこだて》に長くおったのであるが、この人が日本の植物を研究して、その著述も大部分《だいぶぶん》進んでいるということであった。私はこれまでよくこの人に標品を送って、種々名称など教えてもらっていたが、私の送る標品には、大変、珍しいものがあるというので、大いに歓迎してくれ、先方からは同氏の著書などを送って寄越《よこ》したりしていた。

【マキシモヴィッチ】（一八二七～一八九一）ロシアの植物学者。開国後まもない函館に滞在し、日本の植物相の研究を行った。日本の他、アムール、ウスリー流域など東アジアで、実に二千三百に及ぶ植物を系統的に分類し命名した。牧野を初め、多くの日本の学者の植物標本を鑑定した。

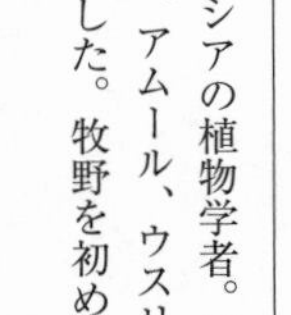

この時分には、私もかなり標品を集めていたから、これを全部持って、このマキシモヴィッチの許《もと》へ行き、大いに同氏を助けてやろうと考えたのである。しかし、この橋渡《はしわた》しをしてくれる人がないので、私は駿河台《するがだい》のニコライ会堂《かいどう》へ行って、そこの教主《きょうしゅ》に事情を話して頼んだ。すると、「よろしい」と快諾《かいだく》してくれ、早速、手紙をやってくれた。

しばらくすると返事が来たが、それによると私からの依頼が行った時、マキシモヴィッチは、流行性感冒《りゅうかんせいかんしょう》に侵《おか》されて病床にあった。私の行くことを大変喜んでいたが、不幸にして、まもなく死んでしまったということで、奥さんか娘さんかからの返事だったのである。それで、私のロシア行きも立ち消えとなってしまった。

博士と一介書生との「大相撲」

こんな訳で、私は独立して研究を進めるにしても、顕微鏡《けんびきょう》などの用意はないし、参考書は不自由だし、まったく困ってしまった。そこで止《や》むなく農科大学の教室へ行って図などをそこで描かせてもらっていた。日本で初めて、私の発見した食虫珍草《しょくちゅうちんそう》「ムジナモ」の写生図はそこで描いたものである。

しかし、考えてみると、大学の矢田部教授と対抗して、大いに踏ん張って行くということは、いわば、横綱と褌担《ふんどしかつ》ぎとの取組みたようなもので、私にとっては名誉といわねばならぬ。先方は、帝国大学教授理学博士矢田部良吉という歴《れき》とした人物であるが、私は無官《むかん》の一書生に過ぎない。海南土佐《かいなんとさ》の一男子《いちだんじ》として、大いにわが意気を見すべしと、そこでは私は大いに奮発して、ドシドシこの出版をつづけることにし、いままで隔月くらいに出していたのを毎月出すことにした。

植物には、世界に通用する学名《サイエンチフィック・ネーム》というものがあるが、その時分には、まだ日本では新種の植物に、新たにこの学名をつける日本の学者はほとんどなかった。そこで第七冊からは、私は新たにこの学名をつけ始め、欧文で解説を加え、面目を新たにして出すことになった。その時、親友の池野成一郎博士は、いろいろ親切に私の面倒を見てくれた。

その時、いまは故人となられた、杉浦重剛《すぎうらじゅうごう》先生に御目《おめ》にかかって、この矢田部氏の一件を話すと、先生も非常に同情して下すって、

「それは矢田部君が悪い。そんなことをするなら、一つ『日本新聞』にでも書いて、懲《こ》らしてやるがよい」

「日本新聞」といえば、当時なかなか勢力のあったもので、それに先生の知人がいるということであった。それからやはり先生が関係しておられたのであろう「亜細亜《あじあ》」という雑誌で、矢田部の著書より、私の方が日本の植物志《しょくぶつし》として、先鞭《せんべん》をつけたものであるというようなことが載《の》った。これも杉浦先生の御指図《おさしず》であったそうである。

またある時、矢田部氏の同僚《どうりょう》である菊池大麓《だいろく》博士に、このことを話したところ、

「それは矢田部が怪《け》しからぬことだ」

と、私に大変同情して下すったこともある。こうした苦難の間にも、私はとにかく矢田部氏に対抗しつつ、出版を続けて十一冊まで出した。ところが、この頃になって、郷里の家の財産が少しく怪《あや》しくなってきた。私はこれまでの生活費だとか、書籍費だとか、植物採集の旅行費だとか、また出版費だとか、すべて郷里からドシドシ取り寄せては、費《ついや》っていたので、むろん、そういつまでも続くはずはなかったのである。それで郷里からは、一度帰って整理をしてくれといって来るので、やむなく私は二十四年の暮《くれ》に郷里へ帰った。

整理をすませたら、また出て来て、今度は大いに矢田部氏に対抗してやる考えであった。ところが、私が郷里へ帰ったあとで、矢田部氏は急に大学を罷職《ひしょく》になってしまった。もとより、私との喧嘩《けんか》が原因したわけでなく、他に大いなる原因があったのであるが、とにかく当面の敵が大学を退《ひ》いてみると、また、多少の感慨《かんがい》がないこともなかった。これでまず第一の受難は終わったわけだ。

『大日本植物志』を委嘱《いしょく》される

次に来た受難こそ、私にとって深刻を極めたものであった、その深手《ふかで》を負《お》った、その時の瘡《そう》痍《い》が、まだ今日まで残っているものがある。

矢田部氏の後をついで大学の教授になったのは松村任三《じんぞう》氏であるが、私は菊池大麓《だいろく》先生の推《すい》挙《きょ》によってこの松村氏の下《もと》で、明治二十六年に助手として初めて大学の職員につらなることになった。ちょうど、郷里の財産がなくなってしまった時に、折《おり》よく給料を貰うことになったので、大変都合がよかったかに思われるが、実はその時の給料がたった十五円で、私のこの後の大厄《たいやく》もこの時に已《すで》に兆《きざ》しているのである。

「芸が身を助けるほどの不仕合《ふしあわ》せ」ということがあるが、道楽でやっていた私の植物研究は、ここに至って、唯一の生活手段となったのである。が、何分《なにぶん》学歴もない一介書生《いっかいしょせい》の身には、大学でもそう優遇《ゆうぐう》してはくれず、といって、それに甘んじなければならぬ私の境遇《きょうぐう》であった。

ところで私の家庭はというと、もう、その頃には妻もあるし、子供も生まれるし、その上、私は従来、雨風《あめかぜ》を知らぬ坊ッチャン育ちで、あまり前後も考えないで鷹揚《おうよう》に財産を使いすてていたのが癖《くせ》になっていて、いまでも友人から「牧野は百円の金を五十円に使った人間だから――」なんて笑われるくらいで、金には全く執着《しゅうちゃく》のない方だったから、とても十五円くらいで生活が支えて行けるはずはなく、たとい極《ごく》つましくやってもとても足りない。勢い、借金せずにはいられなかった。

大学に勤めておれば、またそのうちにはどうにかなるだろうと、それを頼みの綱として、借金をしながら生活したわけであるが、それでとうとう増えて、遂に二千円ほどの借金(注)ができ

【二千円ほどの借金】 明治中期のモノの値段は、あんぱん「一銭」、そば「二銭」、うな重「三十銭」（一円は百銭）、小学校先生の初任給「八円」、銀行員給与「三十五円」。仮に、一銭を「二百円」で計算すると、「二千円」は、現在の金額の「四千万円」に相当した（注、尺度は様々で概算の域を出ない）。

てしまった。

その頃の大学の総長は浜尾新《あらた》氏であった。法科の教授をしていた土方寧《やすし》氏は私とは同郷の関係もあり、私の窮状《きゅうじょう》に大層《たいそう》同情して、例の『植物志図篇』を持ち出し、これを浜尾さんに見せて、

「こういう書物を著《あらわ》したりした人だから、もう少し給料を出してやってはどうか」

こういう相談をしてくれた。浜尾さんはその書物を見て、

「これは誠に結構な仕事だ。学界のために喜ぶべきであるが、本人が困っているなら自費でやることはできなかろうから、むしろ新たに、大学で植物志を出版するように計画したがよかろう」

こういうことで、浜尾さんのお声がかりで『大日本植物志』が、いよいよ大学から出版されることになった。そうなれば、単なる助手と違って、私は特別の仕事を担当するので、自然給料も多く出せるから、一面は学界のためにもなり、他面には、本人の窮状《きゅうじょう》を救うことにもなるという浜尾さんの親切からであった。

ところでそうなると、一方私の借金の整理もしておかねばならぬというので、これも同じ郷里出身の田中光顕《みつあき》伯やそれに今の土方君、今は疾《と》く故人となった友人矢野勢吾郎君などが奔走《ほんそう》して下さって、やはり土佐から出た三菱へ話をして、ともかく三菱の本家岩崎氏の助けで、ひとまず私の借金は片付いたわけであった。

そこで肩が軽くなったので、これからうんと力を入れて、世界のどこへ出しても恥ずかしくないような、素晴らしい書物を出そうという意気込《いきご》みで編纂《へんさん》にかかった。そして、ようやく第一冊を出した。ところが、端《はし》なくも、ここにまた私の上に、大きい圧迫の手が下ることになった。

松村教授からの圧迫

その前から「植物学雑誌」というのがあって、これは初め、私どもがこしらえて、いまでも続いているが、その雑誌へ、私は日本植物の研究の結果を続々発表していた。これがどうも、松村教授の気に入らなかったと見える。なお、お話しせねばならぬことは、私が専門にしているのは分類学なので、松村氏の専門もやはり分類学で、つまり同じようなことを研究していたのである。それを私は誰れ憚《はばか》らず、ドシドシ雑誌に発表したので、どうも松村氏は面白くない、つまり嫉妬《しっと》であろう。ある時、

「君はあの雑誌へ盛んに出すようだが、もう少し自重《じちょう》して出さぬようにしたらどうだ」

松村氏からこういわれたことがある。しかし私は大学の職員として松村氏の下にこそおれ、別に教授を受けた師弟の関係があるわけではないし、氏に気兼《きが》ねをする必要も感じなかったばかりでなく、情実《じょうじつ》で学問の進歩を抑《おさ》える理窟はないと、私は相変わらず、盛んにわが研究の結果を発表しておった。それが非常に松村氏の忌諱《きき》にふれた、松村氏は元来好い人ではある

が、どうも少し狭量《きょうりょう》な点があって、これを大変に怒ってしまった。

他にもなお、松村氏から話し出された縁組のことが成就《じょうじゅ》しなかったので、それでも大分《だいぶ》感情を害したことなどあり、それ以来、どうも松村氏は、私に対して絶えず敵意を示されるようなことになった。事毎《ことごと》に私を圧迫する。人に対して私の悪口をさえいわれるという風で、私は実に困った。これが十年、二十年、三十年と続いたのだから、私の苦難は一通りではなかった。

何よりも私の困ったのは、給料の上げてもらえぬことであった。浜尾さんの親切で、せっかく仕事が与えられ、したがって給料も上げてもらうはずであったが、当の松村教授がこんな訳で、前にも記した『大日本植物志』の第一冊が出版せられても、一向に給料を上げてくれない。

前に述べたように、一度、借金の整理はしていただいたけれども、給料が上がらぬ以上、依《い》然《ぜん》として生活に困るのは当然である。わずか十五円、たまに上がれば二十円で、子供が五人六人となる私どもでは、到底《とうてい》生活はできない。そのうちには、また子供が生まれるとか、病気に罹《かか》るとか、死ぬとか、妻が入院するとか、失費《しっぴ》は重なる。子供が多ければ、自然家も大きいのが必要になる。それに私は非常にたくさんの植物標品を持っていて、これがために余計な室《へや》が二つくらいもいる。書物が好きで、これもかなり持っている。そんな訳で、不相応に大きな家が必要だった。

「牧野は学校からもらうのは家賃くらいしかないのに、ああいう大きな家にいるのは贅沢《ぜいたく》だ」

そういって攻撃されたりしたが、これも贅沢どころか、やむなくそうしていたのだ。こんな風で、また借金が増えてきた。金を借りるといっても、各々《おのおの》の仲間にそんな親切な人は少ないから、どうしても高い利子の金を金貸しから借りる。このために私が困ったことは、実に言うに忍びないものがある。

学生に囲まれる富太郎（高知県立牧野植物園提供）

当時の学長は、箕作佳吉《みつくりかきち》先生で、松村氏が私へ対する内情をよく知っておられたので、松村氏が私を密《ひそ》かに罷免《ひめん》しようとしても、箕作先生のいる間は、その陰謀が達せられなかった。ところが学長が代わって、他の科の人がなった時に、この方は私のことをよく知らないので、とうとう松村氏の言を聴いて、私を罷職《ひしょく》にしてしまった。しかしこれを聞くと、皆が承知しない。

「牧野を辞《や》めさせることはない。そんなことをしては、教室が不自由で困る、また教室の秩序も乱れる」

こういって反対をした。それほど私は教室では重宝《ちょうほう》がられていたものと見える。この反対運動がやかましくなって、今度は私を講師ということにして、また学校へ入れることになった。以来、ずっとこれが今日まで続いているわけである。

これは後の話であるが、停年制《ていねんせい》のために、松村氏が学校を退《ひ》いた。その時にある新聞に、「私がどうでも辞《や》めねばならぬとすれば、牧野も辞めさせておいて、私は辞める」松村氏の言として、こんなことが書いてあった。真《しん》か偽《ぎ》か知らぬが、とにかく、松村氏が私に敵意を持っておったということは、なかなか深刻なもので、かつ連続的なものであった。しかし松村氏も、とうとう私を自由に処分することはできないで、却《かえ》って、講師にしなければならなかったというのは、まったく松村氏の面目《めんぼく》が潰《つぶ》れたといってよいわけになる。

絶対絶命のピンチ

大学で出版しつつあった『大日本植物志』は、こうした中でされたのであるが、これが出ると、その精細《せいさい》な植物の記載文《きさいぶん》を見て、松村氏は文章が牛の小便《しょうべん》のように、だらだら長いとか何とかいって、これに非を打つという風で、私もはなはだ面白くない。そこでとうとう棄鉢《すてばち》になって、四冊を出しただけで廃《はい》してしまった。もしあれが続いていたら、自分でいうのも訝《おか》しいが、世界に出しても恥ずかしくなく、また一面、日本の誇りにもなるものができたろうと、いまでも腕を撫《ぶ》して残念に思っている次第である。その書は大学にあるから、誰《だ》れでも一度見て下さい。

大正五年の頃、いよいよ困って、ほとんど絶体絶命となってしまったことがある。仕方がないので、標品を西洋へでも売って、一時の急を救おう――こう覚悟したのであるが、これを知った農学士の渡辺忠吾氏が、大変親切に心配してくれて、この窮状《きゅうじょう》を「東京朝日新聞」に出された。「大切な学術上の標品が外国へ売られようとしている」といって、それをひどく惜《お》しむような記事だったが、これが大阪の「朝日新聞」に転載《てんさい》されて、図《はか》らずも神戸に二人の篤《とく》志家《しか》が現《あらわ》れた。

一人は、久原房之助《くはらふさのすけ》氏で、いま一人は、池長孟《いけながはじめ》(注)という人である。池長氏はこの時、京都帝大法科の学生だということであったが、新聞社で相談をしてくれた結果、この池長氏の好意を受けることになって、池長氏は私のために、二万円だか三万円だかを投げ出して、私の危急《ききゅう》を救《すく》うて下された。永《なが》い間のことであり、私の借金もこんな大金になっていたのである。その上、毎月の生活費を支持しなくては、また借金ができるばかりだからというので、池長氏は以後、私のためにそれを月々償《つぐな》って下されることになった。

この時分、池長氏のお父様はすでに亡くなっていられたが、この方は大変教育に熱心な人で、そのための建物が神戸の会下山《えげやま》公園の登り口に建ててあった。そこへ私の大正五年までの標品を持って行って、ここに「池長植物研究所」というのをこしらえた。いまでも私はここへ

【池長孟《はじめ》（一八九一～一九五五）】日本の教育者、南蛮美術の収集家として著名。困窮する牧野を援助し、標本を収容する池長植物研究所を設立。しかし、標本整理がなかなか進まず、昭和十六年、標本は牧野の元へ返却され、現在、標本は、東京都立大学牧野標本館に、研究所の図書等は、高知県立牧野植物園に保管される。

毎月行って、面倒を見ることになってはいるが、いろいろの事情があって、いまは池長氏からの援助は、途切れ途切れになっている。しかし、とにかく縁はつながっているのである。

右の時に「大阪朝日新聞」には鳥居素川《とりいそせん》氏がおり、その下に、長谷川如是閑《はせがわにょぜかん》氏がいられて、私の面倒をよく見て下すった。また「東京朝日」には、長谷川さんの兄さんの山本松之助氏が社会部長をしておられて、ともども私のことについて、種々好意を示されたのであった。渡辺農学士は新聞に筆を執《と》っておられたが、後《のち》、健康の関係で房州《ぼうしゅう》に去り、今は大網《おおあみ》の農学校の校長をしておられるのである。この機会に諸氏の御好意を謝《しゃ》しておきたいと思う。

三十七年勤続の大学生活

こういう風で、とにかく私の困厄《こんやく》は、池長氏のために助けてもらい、爾来《じらい》、今日《こんにち》に及《およ》んで、私は依然《いぜん》大学の講師を勤めているのである。正式に学問をしなかったばかりでなく、大学を出なかった私は、まだ教授でも何でもない。しかし、私は運動などして、それを得ようとはさらさら思っていない。また給料にしても、初めから一度も上げてくれと頼んだことはない。私はそんなことが嫌いである。それで、今日私のもらっている大学の給料は、わずかに大枚七十五円である（数年前久しぶりで十二円ばかり上げてくれたとき「鼻糞《はなくそ》と同じ太さの十二円これが偉勲《いくん》のしるしなりけり」と口吟《くちずさ》んだ）。

しかも、三十七年勤続の私である。大抵《たいてい》給料というものは、三年なり五年なりには上がるものであるが、私は依然として前記の額で甘んじている、今日七十五円で一家が支えられようはずはないが、他は皆、私が老骨《ろうこつ》に鞭《むち》打ってやっているのである、それゆえ、不断《ふだん》ははなはだ忙しい。

忙しいのはよいが、生活のためにこの物資を得る仕事で、私の本来の研究がどのくらい妨《さまた》げられているか、料《はか》り知られぬ、その点は、平素《へいそ》非常に遺憾《いかん》に思っている。私はまだ学界のために真剣に研究せねばならぬ植物を山のように持っているのに、歳月《としつき》は流れ、わが齢《よわい》余すところ幾何《いくばく》もない。感極《かんきわ》まって、泣かんとすることが度々《たびたび》ある。

いまこそ私は、博士の肩書を持っている。

しかし、私は別に博士になりたいと思わなかった。これは友人に勧《すす》められて、退《の》っ引《ぴ》きならぬことになって、論文を出した結果である。私はむしろ学位などなくて、学位のある人と同じ仕事をしながら、これと対抗して相撲をとるところにこそ、愉快はあるのだと思っている。学位があれば、何か大きな手柄をしても、博士だから当たり前だといわれるので興味がない。私が学位をもらったのは昭和二年四月であるが、その時こんな歌を作ってみた。

何《なん》の奇《き》も何《なん》の興趣《こうしゅ》も消え失せて、平凡化せるわれの学問

学位や地位などには私は、何の執着《しゅうちゃく》をも感じておらぬ。ただ孜々《しし》として天性好きな植物の

研究をするのが、唯一の楽しみであり、またそれが生涯の目的でもある。

終わりに、大学の植物学教室などの諸君は、長い間、松村氏が絶えず私を圧迫しつつあった時、いずれも皆、私に同情して下さった、なかにも五島《ごとう》清太郎博士、藤井健次郎博士は、陰《かげ》になり日向《ひなた》になって、私を庇護《ひご》して下さったので、私は衷心《ちゅうしん》から感謝している。

左の都々逸《どどいつ》は、私が数年前に作ったものだが、私の一生はこれに尽きている。

草を褥《しとね》に木の根を枕、花と恋して五十年

いまでは、私と花との恋は、五十年以上になったが、それでもまだ醒《さ》めそうもない。

中村春二先生との惜別

全国の植物採集会《しょくぶつさいしゅうかい》に招かれる

商売上、旅行を何百遍《なんびゃっぺん》となくしたが、費用がかかるから、地方の採集会に講師として招聘《しょうへい》される機会を利用し、いくらか謝礼をもらうと、それでまた旅行を続けたりした。そんなことが続き続きして、今日に至っていたわけである。九州辺《あた》りへは六年も続けて行ったこともある。私は日本全国各地の植物採集会に招《まね》かれて出席し、地方の同好者、学校の先生などに植物の名を教え、また標品に名を付《ふ》してあげたりした。私の指導した先生だけでも何百人といるはずだと思う。

だから、文部省はこの点で、私を大いに表彰せねばいけんと思う。

胴乱を肩にかけ植物採集をする富太郎（高知県立牧野植物園提供）

植物採集会で古いのは、横浜植物会であって、創立は明治四十二年十月であり、私はこの会の講師であった。創立当時には、原虎之助・岡太郎・笠間忠一郎・松野重太郎・福島亀太郎・鈴木長治郎などの人が熱心にこの会のために尽くし、後には、和田利兵衛・久内清孝・佐伯理一郎氏なども加わったが、素人であって、学校の先生も敵《かな》わぬ人も少なくなかった。この会は事務所を横浜市《よこはまし》弁天通《べんてんどおり》の丸善薬局《まるぜんやっきょく》に置いていた。

明治四十四年十月には、東京植物同好会が生まれた。私がこの会の会長となった。この会の方は、田中常吉という人が世話人であった。

「植物研究雑誌」を創刊

私は自分で自由にできる機関誌がなければ不便なので、大正五年四月「植物研究雑誌(注)」を創刊した。五十円ほど借金して、第一巻第一号を出版する運びとなった。私はこの雑誌の編集には相当の努力を払い、他の人の書いた原稿も自ら仮名使《かなづか》いを訂正し、文字を正《ただ》し、一々別《いちいちべつ》の原稿紙へ写しとり写真を張り付けたり、なかなか面倒なことをした。この雑誌は、いわば私の道楽であった。

【植物研究雑誌】 大正五年（一九一六）、牧野によって創刊。現在、植物研究雑誌編集委員会が編集し、株式会社ツムラが発行する。植物分類学と生薬学を中心とした研究に大きく寄与し、当ジャンルの代表的な研究誌として評価される。

その発刊の辞《じ》には、

「本誌は時代之《これ》を生《う》めり、我邦《わがほう》の現時は吾人《ごじん》をして寸時《すんとき》も放漫退嬰苟且偸安《ほうまんたいえいこうしょとうあん》を許さざるなり、吾人《ごじん》は国民たるの名誉として、又《また》学に勤むる者の常道《じょうどう》として我大日本帝国《わがだいにほんていこく》をして将来世界の中心たらしめんが為《ため》に云々《うんぬん》」の句に始まり、「徒《いたずら》に花鳥風月《かちょうふうげつ》に酔ひ、空文浮辞《くうぶんふじ》を弄《ろう》して閑日月《かんじつげつ》を送るが如《ごと》きは是《こ》れ我輩《わがはい》の事に非《あら》ざるなり。余《よ》は之《これ》が為《ため》に実に既往三十《きおうさんじゅう》余年《よねん》の長日月間《ちょうじつげつかん》、敢《あえ》て自家《じか》の利害を顧慮《こりょ》せず、敢て自家《じか》の毀誉褒貶《きよほうへん》を度外《どがい》に措《お》き、悪戦《あくせん》に次《つ》ぐに悪闘《あくとう》を以《も》てし今日尚依然《こんにちなおいぜん》として甲装《こうそう》の一卒《いっそつ》たり云々《うんぬん》」

の句がある。

私はこの雑誌の巻頭を利用し、植物研究の如何《いかん》に国家にとって緊急事なるかを説《と》き、第一巻第一号には、時の総理大臣大隈《おおくま》（重信《しげのぶ》）伯《はく》に進言《しんげん》せる卑見書《ひけんしょ》を発表した。その骨子《こっし》は、日本土《にほんど》産植物《さんしょくぶつ》の根本調査《こんぽんちょうさ》の要《よう》、有用植物調査《ゆうようしょくぶつちょうさ》の急務、有用植物陳列館設置《ゆうようしょくぶつちんれつかんせっち》の急務、有用植物見《ゆうようしょくぶつみ》本園設置《ほんえんせっち》の急務、日本有用植物志編成《にほんゆうようしょくぶつしへんせい》の急務、植物標本蒐集《しょくぶつひょうほんしゅうしゅう》の急務、竹類調査《ちくるいちょうさ》の要《よう》などであった。

「植物研究雑誌」には、私の言いたいことをどしどし書いた。試みに、第一巻からその目次を拾《ひろ》って見ると、「植学《しょくがく》の語は日本にて作り、植物学の語は支那《しな》にて製《せい》す」「款冬《かんとう》はふきに非《あら》ず」

「槲《かしわ》か檞《かしわ》か」「はこねうつぎは箱根山に産せぬ」「蘇鉄《そてつ》は熱帯植物に非《あら》ず、棕櫚《しゅろ》も亦然《またしか》り」「きりしまつつじ霧島山《きりしまやま》に無《な》く、うんぜんつつじ温泉岳《うんぜんさん》に産せず」などなどの所論《しょろん》が満載《まんさい》されている。

中村春二先生と私

「植物研究雑誌」はその後、池長氏の方から援助を受けることが困難となり、継続的に刊行することが難しくなったが、私はこれを廃刊することなどは夢想だにもしていなかった。ところが、この時私は、成蹊学園長中村春二《せいけいがくえんちょうなかむらはるじ》先生の知遇《ちぐう》を得ることとなり、同誌はその結果、枯草《かれくさ》の雨に逢《あ》い、轍鮒《てっぷ》の水を得たる幸運に際会《さいかい》することを得、秋風蕭殺《しゅうふうしょうさつ》の境《さかい》から急に春風駘蕩《しゅんぷうたいとう》の場に転じた。

当時の私の記録にも次のようにしたためてあった。

……枯草《かれくさ》ノ雨《あめ》ニ逢《あ》ヒ轍鮒《てっぷ》ノ水ヲ得《え》タル幸運《こううん》ニ際会《さいかい》スルコトヲ得《え》テ本誌《ほんし》ハ為《タ》メニ蘇生《ソセイ》シ今後続々出版スルコトヲ得《え》ルニ至《いた》リ秋風蕭殺《しゅうふうしょうさつ》ノ境《さかい》カラ急ニ春風駘蕩《しゅんぷうたいとう》ノ場ニ転ジタ是《こ》レハ全《まった》ク中村先生ガ学術ニ忠実ニ情誼《じょうぎ》ニ厚《あつ》ク且《か》ツ仁侠《にんきょう》ノ気ニ富《と》ンデ居《お》ラル、ノ致《いた》ス所《ところ》デ私ハ同先生ニ向《むか》ツテ衷心《ちゅうしん》カラ感謝《かんしゃ》ノ意《い》ヲ表《ひょう》スルモノデアル……

これはまったく、中村先生が学術に忠実で情誼《じょうぎ》に厚く、かつ仁侠《にんきょう》の気に富んでおらるるの致すところで、私は深く感謝して止《や》まなかった。私が先生を知ったのは、大正十一年七月で、先生の統《す》べられておられる成蹊高等女学校《せいけいこうとうじょがっこう》の生徒に、野州《やす》の日光山で植物採集を指導することを依嘱《いしょく》せられ、同先生その他、同校職員の方々とともに、同山に赴《おもむ》いた時、親炙《しんしゃ》する機会に逢着《ほうちゃく》したわけである。

日光《にっこう》湯元《ゆもと》温泉《おんせん》の板屋旅館を根拠として、生徒は別の一棟《ひとむね》に、中村先生と私とは二階に間《ま》をとったが、部屋が隣なので、いろいろな物語を交《か》わした。私は従来の身の上話や雑誌のことなどを申し上げたところ、先生はよくこれを聴かれ、渥《あつ》き同情の心を寄せられ、私に対し非常な好意を示された。

中村春二先生に関しては、次のことを記さねばならない。それは、その後、同校の生徒と再び日光に行った時、同じ二階に校長の某氏と間をとった時、初めて知って感激したのであるが、二度目に行った時は、以然中村先生がおられた部屋に私が入り、私のいた部屋に某氏が入ったのであるが、私が前年にいた部屋は、上等な良い部屋だったのに、今度は狭い次《つぎ》の間《ま》であった。

思えば中村先生は、私に客人としての礼を尽くされ、自らは次の間に下って、私を良い部屋に入れて下すったわけであった。私は校長の某氏が、良い部屋に収まり、私を次の間に入れ、平然たるのを見て、世には良くできた人間と良くできぬ人間とのあることを、深く感じたのであった。

哀しき春の七草

中村先生はまた『植物図説』刊行のため、毎月何百円かを私のために支出して下すった。その結果、できた図は八十枚ほどあるが、不幸その後、中村先生は、二竪《にじゅ》［病気・病魔］の冒《おか》すところとなり、大正十三年二月二十一日、溘焉《こうえん》として［にわかに］長逝《ちょうせい》された。

先生病重しの報を聴き、私は先生を慰《なぐさ》めんものと、正月の一日鎌倉に赴《おもむ》き、春の七草を採集し、これに名を付し、籠《かご》に盛って差し上げたところへ先生は非常にこれを喜ばれ、「正しい春の七草を初めて見た」といわれ、七草粥《ななくさがゆ》にする前に、しばらく床《とこ》の間《ま》に置いて楽しまれたということである。

先生の長逝《ちょうせい》は、私の事業にとって一大打撃であったが、それよりも、私の最もよき理解者、心の友を失った悲しみは耐え難いものがあった。先生は最後まで、私のことを気に懸《か》けていて下すって、先生の後継者《こうけいしゃ》たるべき校長の某氏を呼んで遺言された時、「牧野を援助するように」と、呉々《くれぐれ》も言われたそうであったが、某氏はしかし、私に対しては極めて冷淡であり、援助もやがて途絶《とだ》えてしまった。

私は先生遺愛《いあい》の硯《すずり》を乞《こ》い受け、今でも座右《ざゆう》に置いている。また、大学で同じ植物学を専攻している中村浩君は、先生の次男である。

私は『植物図説』の刊行を、断乎《だんこ》としてやり遂げる決心でいる。私はその巻頭《かんとう》に中村先生の遺徳《いとく》を偲《しの》んで、図説刊の由来を銘記《めいき》し、霊前《れいぜん》に捧げようと考えている。

天変地異に対する好奇心

震災の時は、渋谷の荒木山《あらきやま》にいた。私は元来、天変地異《てんぺんちい》というものに非常な興味を持っていたので、私はこれに驚くよりもこれを心行くまで味わったといった方がよい。当時、私は猿又《さるまた》一つで標品を見ていたが、座《すわ》りながらその揺れ具合を見ていた。そのうち隣家《りんか》の石垣が崩れ出したのを見て家が潰れては大変と、庭に出て庭の木につかまっていた。

妻や娘たちは、家の中にいて出て来なかった。家は幸いにして多少の瓦《かわら》が落ちた程度だった。余震が恐いといって、皆庭に筵《むしろ》を敷いて夜を明かしたが、私だけは家の中にいて揺れるのを楽しんでいた。

後に振幅《しんぷく》が四寸もあったと聴き、庭の木につかまっていて、その具合を見損《みそこ》なったことを残念に思っている。その揺れている間は、八畳座敷《はちじょうざしき》の中央で、どんな具合に揺れるか知らんと、それを味わいつつ座っていて、ただ、その仕舞際《しまいぎわ》に、チョット庭に出たら地震がすんだので、どうも呆気《あっけ》ない気がした。

その震い方を味わいつつあった時、家のギシギシと動く騒がしさに気を取られ、それを見ていたので、体に感じた肝腎要《かんじんかな》めの揺れ方がどうも、いまはっきり記憶していない。何といっても、地が四五寸もの間、左右に急激に揺れたのだから、その揺れ方を確《しっ》かと覚えていなければならんはずだのに、それを左程《さほど》覚えていないのがとても残念でたまらない……もう一度生きているうちに、ああいう地震に遇《あ》えないものかと思っている。

震災では「植物研究雑誌」第三巻第一号を全部焼いてしまった。残ったのは見本刷七部のみであった。震災後二年ばかりして、渋谷から石神井《しゃくじい》公園付近の大泉《おおいずみ》に転居した。標品を火災その他から守るためには、郊外《こうがい》の方が安全だと思ったからである。

学者に称号は必要ない

私は従来、学者に称号などはまったく必要がない、学者には学問だけが必要なのであって、裸一貫《はだかいっかん》で、名も一般に通じ、仕事も認められれば立派な学者である、学位の有無《うむ》などでは問題ではないと思っている。

いままでも「理学博士にしてやるから、論文を提出しろ」とよくいわれたが、私は三十年間も意地を張って断ってきた。しかし、周囲の人が、「後輩が学位をもっているのに、先輩の牧野が持っていぬのは都合が悪いから、ぜひ論文を出せ」と、強いて勧められ、やむなく学位論文を提出することにした。学位論文は、なるべく内容豊富で纏《まとま》ったものがよいというので、従来「植物学誌」に連続掲載していた欧文の論文千何頁かの本邦植物に関する研究を本論文とし、『大日本植物志』その他を参考として提出し、理学博士の学位を得た。

私は、この肩書きで、世の中に大きな顔をしようなどとは少しも考えていない。私は大学へ入らず民間にあって、大学教授としても恥ずかしくない仕事をしたかった。大学へ入ったものだから、学位を押し付けられたりして、すっかり平凡になってしまったことを残念に思っている。

博士号を受けて作った歌には、ややそのころの感懐《かんかい》が表れている。

　わがこゝろ
われを思う友の心にむくいんと
　今こそ受けしふみのしるしを

その刹那《せつな》の惑《わく》
何の奇《き》も何の興趣《こうしゅ》も消え失せて
　平凡化せるわれの学問

　おなじ
年寄《としよ》りの冷水《ひやみず》の例また一つ
　世界に殖《ふ》えし太平《たいへい》の御代《みよ》

　とつおいつ
とつおいつ受けし祝辞《しゅくじ》と弔辞《ちょうじ》の方へ
　何と答えてよいのやら

苦しい思い
今日の今まで通した意地も
　捨てにゃならない血の涙

たとえ学問のためとはいえ、両親のなきあと酒造る父祖《ふそ》の
業《ぎょう》をほしいまゝに廃《や》めてその産を使い果たせし我なれば

早く別れてあの世に在《い》ます
　父母におわびのよいみやげ

鼻糞《はなくそ》と同じ太さの十二円
　これが偉勲《いくん》のしるしなりけり

寿衛子《すえこ》の激励と内助

妻の死と「すえこざさ」の命名

昭和三年二月二十三日、五十五歳で妻寿衛子《すえこ》は永眠した。病原不明の死だった。病原不明ではは治療のしようもなかった。世間には、他にも同じ病の人もあることと思い、その患部《かんぶ》を大学へ差し上げるから、それを研究してくれと大学へ贈った。

妻が重態の時、仙台からもってきた笹に新種があったので、私はこれに「すえこざさ(注)」と命名し、「ササ・スエコヤナ」なる学名を付して発表し、その名は永久に残ることとなった。この笹は、他の笹とはかなり異なるものである。私は「すえこざさ」を妻の墓に植えてやろうと思い、庭に移植《いしょく》しておいたが、それがいまではよく繁茂《はんも》している。

【すえこざさ】イネ科アズマザサ属のササ。本州の宮城県以北に見られる常緑のササで、高さは、四十センチくらい、葉は長さ十センチ程度の披針形。牧野が仙台市で発見し、亡き妻に感謝して献名した。現在では、アズマザサの変種となっている。

亡き妻を想《おも》う

私がいまは亡き妻の寿衛子と結婚したのは、明治二十三年頃――私がまだ二十七、八歳の青年の頃だった。寿衛子の父は彦根藩主井伊家《ひこねはんしゅいいけ》の臣《しん》で小沢一政といい、陸軍の営繕部《えいぜんぶ》に勤務していた。東京飯田町《いいだまち》の皇典講究所《こうてんこうきゅうじょ》に後になったところがその邸宅《ていたく》で、表は飯田町《いいだまち》通り、裏はお壕《ほり》の土堤《どてい》で、その広い間をブッ通して占めていた。

母は京都出身の者で、寿衛子はその末の娘であった。寿衛子の娘の頃は裕福《ゆうふく》であったため、踊りを習ったり、唄のお稽古《けいこ》をしたり、非常に派手な生活をしていたが、父が亡くなった後、その邸宅も売り、その財産も失くしたので、その未亡人は数人の子供を引き連れて活計《かっけい》のため、飯田町で小さな菓子屋《かしや》を営んでいた。

青年のころ、私は本郷の大学へ行く時、その店の前を、始終通りながらその娘を見染《みそ》め、そこで人を介して、遂に嫁にもらったわけだ。仲人《なこうど》は石版印刷屋《せきばんいんさつや》の親爺《おやじ》――というと可笑《おか》しく聞えるけれど、私は当時大学で研究してはいたが、何も大学へ就職しようとは思っていず、一年か二年、この東京の大学で勉強したら、すぐまた土佐へ帰って独力で植物の研究に従事しようと思っており、自分で植物図譜を作る必要上、この印刷屋で石版刷の稽古《けいこ》をしていた時だったので、これを幸《さいわ》いと、早速《さっそく》そこの主人に仲人《なこうど》をたのんだ。まあ恋女房《こいにょうぼう》という格《かく》である。

東京大学の助手に

当時私は、麹町三番町《こうじまちさんばんちょう》にあった同郷出身の若藤宗則という人の家の二階を間借《まがり》していたのだが、こうして恋女房を得たのだから、早速、そこを引き揚《あ》げて、根岸《ねぎし》の御院殿跡《ごいんでんあと》［寛永寺住職別邸跡］にあった、村岡という人の離れ屋を借り、ここで夫婦差し向いの愛の巣を営んだ。

そうして、私にはまだ多少の財産が残っていたので、始終《しじゅう》大学へ行って、植物の研究をしていたが、翌二十四年ごろからは、その若干《じゃっかん》の私の財産も残り少なになってしまった。そこで、二十四年から二十五年にかけて家政整理《かせいせいり》のために一たん帰郷したが、私が土佐へ帰っている間に、当時の東大植物学教授の矢田部良吉《りょうきち》博士が、突然、罷職《ひしょく》になり、まもなく大学から私のもとへ手紙が来て、「君を大学へ入れるから来い」といってきたのだ。

しかし私は、「ただいま家政整理中ゆえ、それが終り次第、上京するから」と、返事しておいたが、翌二十六年一月に長女の園子が東京で病死したので急遽《きゅうきょ》上京し、そのついでに大学に聴《き》き合せたところ、「君の位置はそのまま空《あ》けてあるから、何時《いつ》でも入れ」というので、私は初めて大学の助手を拝命《はいめい》、月給十五円の俸給《ほうきゅう》生活者になった訳だ。

ところで、私の宅では、それからほとんど毎年のように、次々と子どもが生れる。月給は十五円でとてもやりきれぬし、そうむやみに他人が金を貸してくれる訳もなく、ついやむなく、高利貸《こうりがし》から借金をしたが、これがわずか二、三年の間に、たちまち二千円を突破してしまったのだ。

そこで同郷の土方寧《やすし》博士や田中光顕《みつあき》伯が大変心配して下さって、借金整理《しゃっきんせいり》に当たることになり、田中伯の斡旋《あっせん》で三菱の岩崎が乗り出してくれて、ともかく二千円の借金を綺麗《きれい》に払って下さった。それから土方博士が当時の浜尾東大総長に私を紹介してくれ、そこで浜尾総長が非常に心配して下され、総長の好意で私が『大日本植物志』の編纂《へんさん》に従事することになった。

つまり、ただの助手では俸給が決まっていて、なかなか上がるものではないが、こういう特別の仕事をすれば、私の収入も増やすことができよう、という浜尾総長の御厚意からであったが、この私の大事業に対して、当時の植物学の主任教授松村博士が、どういう訳か、いろいろな妨害をされた。のち故《ゆえ》あって、せっかくの『大日本植物志』も第四集のまま中止することとなった。

したがって、また私の収入はビタ一文もふえなくなってしまったので、そこで私は生活上止《や》むを得ず、私の苦心して採集した標本の一部を学校へ売ってみたり、書物を書いたりして、生活上の赤字はどうしても、私の腕で補っていかねばならなかった。

ところが、子たくさん、結局、しまいには十三人もの子どもができてしまったので、私の家の生活が、月給十五円から二十五円（十三人目の子供ができた時の俸給が二十円から二十五円でした）ぐらいの俸給と、私の痩腕《やせうで》による副収入とではとてもやってゆけるものではなく、また、たちまち各方面の借金また借金が増えて、その後、長いこと私は苦しまねばならなかったのだ。

救世主が現れる

その時、ちょうど天の使いのように、私の眼の前に現れて来て下さったのが、当時某新聞社の記者をしていた農学士の渡辺忠吾君――一時京都の農学校の校長をしていて、いまは確か帝国農会の理事か何かしているはず――だった。この渡辺君が非常に私に同情してくれて「こんな窮状《きゅうじょう》にあることは、思い切って世の中へ発表した方がいいでしょう。きっと何かお役にたつこともあるかも知れないから」と極力すすめ、かつは私を激励してくれたので、私もとうとうこの時初めて、わが生活の内容を世間に発表してしまった。

すると、早速《さっそく》、「私を救済しよう」という人が二人出て来た。一人は久原房之助《くはらふさのすけ》氏、他の一人はまだ京大の学生であって、後の実業家、池長孟《いけながはじめ》氏であった。そこで渡辺君の勤め先の新聞社の斡旋《あっせん》で、結局、池長さんが私の負債を払ってくれることになり、これを綺麗《きれい》に清算《せいさん》してくれた上で、神戸に「池長植物研究所」を作られた。

それのみならず、当時、池長さんは、月々若干《じゃっかん》の生活の補助を私にして下さったのであり、私にとって終生《しゅうせい》忘れることのできない恩人《おんじん》になっている。畢竟《ひっきょう》、右の「池長植物研究所」の名も、実は「牧野植物研究所」とすべきであったが、私は池長氏に感謝の実意を捧ぐるために、その研究所に「池長」の姓を冠《かん》した。

寿衛子と富太郎（高知県立牧野植物園提供）

寿衛子《すえこ》のお蔭《かげ》

さて、私はここで話を最初にもどして、死んだ家内《かない》の話を申し上げたい。

なぜならば、私が終生植物の研究に身を委《ゆだ》ねることのできたのは、何といっても、亡妻寿衛子《ぼうさいすえこ》のお蔭《かげ》が多分にあり、彼女のこの大きな激励《げきれい》と内助《ないじょ》がなかったら、私は困難な生活の上で行き詰《づま》ってしまったか、あるいは、止《や》むを得ず商売換《が》えでもしていたかも知れないが、今日思い返して見ても、「よくもあんな貧乏生活の中でもっぱら植物にのみ熱中して研究ができたものだ」と、われながら不思議になることがある。それほど、妻は私に尽くしてくれた。債権者が来ても、きっと妻が何とか口実をつけて、追っ払ってくれたのだった。

いつだったか、寿衛子が何人目かのお産をして、まだ三日目なのに、もう起きて、遠い路《みち》を歩き、債権者に断わりに行ってくれたことなどは、その後、何度思い出しても、私はその度に感謝の念で胸がいっぱいになり、涙さえ出て来て困ることがある。実際、そんな時でさえ、私は奥の部屋で、ただ好きな植物の標本いじりをやっていることのできたのは、まったく妻の賜《たまもの》であった。

寿衛子は平常私のことを「まるで道楽息子を一人抱えているようだ」と、よく冗談にいっていたが、それはほんとうに内心そう思っていたのだと思う。

何しろ私は、上述《じょうじゅつ》のような次第で、いくら借金が増えて来ても植物の研究にばかり毎日夢中になっていて、家計の方面では何時《いつ》も不如意《ふにょい》勝ちで、長年の間、妻に一枚の好い着物を作ってやるでなく芝居のような女の好く娯楽はもちろん、何一つ与えてやったこともないくらいであったのだが、この間、妻は嫌な顔一つせず一言も不平をいわず、自分は古い継ぎだらけの着物を着ながら逆に私たちの面倒を陰になり日向《ひなた》になって見ていてくれ、貞淑《ていしゅく》に私に仕《つか》えていた。

妻の英断で待合を始める

大正の半《なか》ばすぎのこと、上述のような次第で、いろいろ経済上の難局にばかり直面し、幸い、その都度、世の中の義侠心《ぎきょうしん》に富んだ方々が助けに現れて、ようやく通りぬけては来たものの、結局、私たちは多人数の家族をかかえて生活していくには、何とかして金を得なければならないと私は決心した。それも煙草屋《たばこや》とか、駄菓子屋《だがしや》のようなものでは、とても一同がやってゆけそうにないが、一度は本郷の竜岡町《たつおかちょう》へ菓子屋の店を出したこともあった。

そこで妻の英断でやり出したのが、意外な待合《まちあい》［主に芸妓との飲食や遊興を目的とした貸席業］

だった。

これは私たちとしては、ずい分思い切ったことであり、私が世間へ公表するのはこれが初めてだが、妻は初めたった三円の資金しかなかったに拘《かか》わらず、これでもって渋谷の荒木山《あらきやま》に小さな一軒の家を借り、実家の別姓《べっせい》をとって「いまむら」という待合《まちあい》を始めた。

私たちとはもとより別居ですが、これがうまく流行《はや》って土地で二流ぐらいまでのところまで行き、これでしばらく生活の方もややホッとして来たのだが、やはり素人《しろうと》のこととてこれも長くは続かず、終わりにはとうとう悪いお客がついたため貸し倒れになって、遂に店を閉じてしまったが、この頃、私たちの周囲のものは、無論《むろん》次第にこれを嗅《か》ぎ知ったので「大学の先生のくせに待合《まちあい》をやるとは怪《け》しからん」などと、私はさんざん大学方面で悪口をいわれたものだった。

しかし、私たちには、まったく疚《やま》しい気持ちはなかった。金に困ったことのない人たちは、すぐにもそんなことをいって、他人の行動にケチをつけたがるが、私たちは何としてでも、金を得て行かなければ生活がやっていけなく、まったく生命の問題であったのだ。しかも、この場合は、妻が独力で私たちの生活のために待合を営業したのであって、私たち家族とはむろん別居しているのであり、大学その他へこの点で、なんら迷惑をかけたことは毫《ごう》もなかったといってよいのである。それゆえに、時の五島理学部長も、その辺、よく了解し、かつ同情していて下されたのだ。

東大泉に一軒家を建てる

こうして、とにかく一時待合までやって、ようやく凌《しの》いで来たのち、妻は私に目下《もっか》、私たちの住んでいるこの東大泉《ひがしおおいずみ》の家を作る計画を立ててくれた。妻の意見では、都会などでは火事が多いから、せっかく私の苦心の採集になる植物の標本なども、いつ一片《いっぺん》の灰となってしまうか分からない。どうしても、絶対に火事の危険性のないところというので、この東大泉の田舎の雑木林のまん中に、小さな一軒家(注)を建てて、われわれの永遠の棲家《すみか》とした。

そうして、ゆくゆくの将来は、「きっとこの家の標本館を中心に、東大泉に一つの植物園を拵《こしら》えて見せよう」というのが妻の理想で、私も大いに張り切り、いよいよ植物の採集にも熱中したのだが、これもとうとう妻の果敢《はか》ない夢となってしまった。

この家ができて喜ぶまもなく、すなわち昭和三年に、妻はとうとう病気で大学の青山外科で亡くなってしまったからだ。享年《きょうねん》五十五だった。妻の墓は、いま下谷谷中《したややなか》の天王寺墓地《てんのうじぼち》にあり、その墓碑《ぼひ》の表面には、私の詠《よ》んだ句が二つ、亡妻への長《とこ》しなえの感謝として、深く深く刻《きざ》んである。

【小さな一軒家】練馬区東大泉の邸宅は、牧野が六十四歳から亡くなる九十四歳までの三十年間生活し、研究をした場所。没後、邸宅跡は「練馬区立牧野記念庭園」として保存された。庭園内には、記念館や展示室があり、牧野が愛用した採集道具、描画道具、執筆した書物、植物図などが展示される。

家守りし妻の恵みやわが学び
世の中のあらん限りやスエコ笹

この「スエコ笹」は、当時、竹の研究に凝《こ》っており、ちょうど仙台で笹の新種を発見して、それを持って来ていた際なので、早速、亡妻寿衛子の名をこの笹に命名して、永《とこしえ》の記念としたのだった。この笹は、いまだにわが東大泉の家の庭にあるが、いずれ天王寺《てんのうじ》の墓碑《ぼひ》の傍《わき》に移植しようと思っている。

終わりに臨《のぞ》んで、私は私の約半世紀も勤《つと》め上げた大学側からは、終始、いろいろの堪《た》えられぬような学問的圧迫で、いじめられ通しでやってきた。しかし、今日私の心境は、むしろ淡々《あわあわ》としていて、こんなつまらぬことは問題にしていない。由来《ゆらい》学者とはいうものの、案に相違した偏狭《へんきょう》な、そして嫉妬《しっと》深い人物が、現実には往々にしてあることは、遺憾《いかん》ながら止むを得ない。しかし私は大学ではうんと圧迫された代わりに、非常に幸運なことには、世の中の既知《きち》、未知の方々から、却《かえ》って非常なる同情を寄せられたことだ。

私は幸い、七十八歳の今日でも、健康には頗《すこぶ》る恵まれており、これからの余生を、ただひたすらわが植物学の研究に委《ゆだ》ねて、少しでもわが植物学界のために貢献できればと念じているばかりだ。

科学の郷士を築く

学問の環境に育つ

私の二十歳といえば明治十四年のことで、私が初めて東京の空気に触れて故郷にかえっていた頃だった。

私の郷里は高知県高岡郡佐川町《たかおかぐんさかわちょう》ですが、そこは藩主山内侯《はんしゅやまのうちこう》の特別待遇《たいぐう》をうけていた国家老《くにがろう》深尾家《ふかおけ》が治めていたところで士族の多い市街だった。

街には「名教館《めいこうかん》」という学校があって、孔孟《こうもう》の教《きょう》が教《おし》えられ算数の学が講《こう》ぜられなどして、学問もずい分盛んだった。当時高知についでの学問地だったのである。

しかし、その時代は士族とか町人とかの区別が厳しく残っており、学問は主に、士族の間にのみ盛んだった。そして、田中光顕《みつあき》伯、土方寧《やすし》博士、広井勇博士などの名士を送り出したのである。

私は酒屋の子供だったが、こうした学問の環境中に育ってきた。そして、時勢《じせい》は次第に、学問の必要を理解するようになった。学問を士族の特権と考えるような時代は過ぎ去った。

郷土に新しい知識を

私は二十代の頃、世の中の進歩開化《しんぽかいか》のためには、どうしても科学を盛んにしなければならぬと痛感して、私が先に立って郷里に「理学会」を作り、郷土の学生を集めて講演をしたり、蒐集《しゅうしゅう》した書籍を提供したりして、郷土民《きょうどみん》の啓蒙《けいもう》に努力した。こうしたいろいろの方面に関係していくうち、雑誌創刊の必要に迫られて「格致雑誌《かくちざっし》」を作った。

もちろん、その時分は郷里に印刷機もなかった。自分で書いて、それを冊子《さっし》とし、同輩《どうはい》の人々に回覧せしめたものだった。その時、井上哲次郎《いのうえてつじろう》博士に序文を頂こうと思って、当時、東京にいた土方寧《やすし》氏を煩《わずら》わしたが、何かの都合で有賀長雄《ありがながお》先生から「格致《かくち》の弁《べん》」という名文をもらって喜んだことなどを覚えている。こうしたことも、結局、郷土人《きょうどじん》に「科学の知識」を涵養《かんよう》しようとする私の努力だったことが分かる。

その頃、郷土の学校に唱歌《しょうか》という課目があったが、師範学校《しはんがっこう》に一台のオルガンがあるだけで、郷里にはこれなく、どうしても正確な教授もできなかったので、私は自費で一台のオルガンを買って、郷土の学校に寄付したことなどもあった。自分はどうかして新しい知識を郷里に入れようと努めていた。

当時は私の家には財産があったので、この頃は学問に遊んでいた。親が早く亡くなったので、親よりの制裁もなく、自分の念《おも》うままに好きな植物研究に入って行ったのだ。

こうして自分の研究を進める一面、自分は方々より集めた本を郷土の人々に紹介しては、読書の関心を強めようとしていた。

研究に没頭し、遊惰《ゆうだ》を省《かえり》みない

二十代を顧《かえり》みて、いままでによかったと思うことが一つある。ちょうどその頃、僕たちの市街にもいろいろの料理屋などができて、思想の定まらない青年たちは、その感覚の魔界《まかい》に溺《おぼ》れて、ずい分、その前途を謬《あやま》ったものが多かった。しかし自分は、植物の研究に自らの趣味も感じていたので、花柳《かりゅう》の巷《ちまた》には足を入れようとは思わなかった。また、その時分、もしも酒に親しむような悪習に染《そ》まっていたならば、あるいは酔《よ》いに乗《じょう》じて、酒に呑《の》まれていたかもしれない。小さい時から酒を飲まなかったことは、正しく身を守ることを保証している。

私は現在、七十四歳になる。しかし、老眼でもなく、血圧も青年のように低い。動脈硬化の心配もない。医者の言葉では、もう三十年もその生命を許されるとのことである。酒や煙草を飲まなかったことの幸福を、いましみじみと喜んでいる。

青年は、ぜひ酒と煙草をやめて欲しい。人間は健康が大切である。われらはできるだけ、健康に長生きをし、与えられたる使命を重んじ、その大事業を完成しなければならぬ。身心の健全は、若い時に養《やしな》わねばならぬ。

〔補〕右は昭和十年に書いて、公《おおやけ》にしたものである。私は昭和十八年の今日八十二歳だが、幸

はげいとう

いに元気は頗《すこぶ》る旺盛で、一向に老人のような気がしない。ゆえに牧野翁《おう》とか牧野叟《そう》とか牧野老《ろう》とか署《しょ》するのは、この上もなく嫌いで、また人からそう呼ばれるのも好まない。頭は白髪を戴《いただ》いて冬の富嶽《ふがく》のようだが、心は夏の樹木のように緑翠《りょくすい》である。つまり、「葉鶏頭《はげいとう》」（老少年）なる植物が、私を表象《ひょうしょう》している、まだこれからウントがんばれる。めでたしめでたし。

学内事情のこと

これは昭和十四年七月二十五日「東京朝日」に掲載されたものである。

四十七年勤めて月給七十五円
東大を追われた牧野博士
深刻な学内事情の真相をあばく

わが植物学界の国宝的存在、牧野富太郎博士が四十七年間、すなわち半世紀の長きにわたって奉職《ほうしょく》していたその東大の植物学教室から、今度、追われるごとく、あるいは、自ら追ん出るごとくにして、老の身を教壇から退《ひ》かなければならなかったというニュースほど、このごろの学界に様々の話題と深刻な疑問を投げかけたものはない。記者はその間のいきさつ、あるいは、その背後にある大学の内部事情、学閥《がくばつ》などについて、知り合いのある学界通B君にくわしく質問して見たから読者諸君の御参考のために、以下、問答体《もんどうたい》で、その話をなるべく正直に御紹介しよう。Aはむろん質問者たる記者である。

A　さっそくながら、今度の牧野博士事件についての真相を聞かせてもらいたいね。一体博士はなぜ辞表を出したんだ？

B　それは、ちょっと簡単に言えないね。博士ももう七十八歳の高齢だ。したがって後《こう》進《しん》に道を譲るため、去年頃から適当な機会に大学を辞めるだろう、というような噂《うわさ》は一般にあったし、実際は博士自身にさえその腹《はら》はあったらしいんだ。

A　それにしては新聞で見ると、今度という今度は、博士も大分《だいぶ》怒って辞表を出したらしい形跡じゃないか？

B　まあ待て待て、先を急ぐなよ。むろん、今度の場合は、さしも平常はのんき一本槍《いっぽんやり》で通ってきた牧野先生も、カンカンに怒ったんだよ。それもぼくから言わせれば無理のない話だ。なぜって、新聞にもちょっと出たから、君も大体《だいたい》知っているだろうが、五月の或《あ》る日のことだ。あの東大泉の雑木林の中の博士の陋屋《ろうおく》へ、はるばると東武電車に乗って東大理学部長寺沢寛一先生の代理なる者が、博士に面会にやってきたんだよ。それで博士が、丁重《ていちょう》に上げて見ると、それが何と理学部植物学教室のただの事務員（著者註、この時使いしたのは植物学教室の助手M・Sの二氏であった）なんだ。

そして、何を言い出すかと思うと、あの無邪気《むじゃき》でのんきな老先生に向って、先生は、もう、先日来《せんじつらい》、適当の機会に辞表を出したいと言っておられたが、大学でも待っているから、早い方がいい、今日辞表を出してくれないか、という主旨《しゅし》の申し込みなんだ。

しかもその間には、七十八歳の高齢の博士に対して、ずいぶん、失礼な言辞《げんじ》があったらしい。それで、さしも日頃のんきな老先生も、カンカンになって、その無礼《ぶれい》に対し怒り出し、また博士の家のおとなしいお嬢さんも、となりの部屋でただ聞いているには忍びなくなって飛び出し、「何という失礼なことをあなたは老人になさるんです！　お帰りなさい、お帰りなさい！」と、とうとう大声で泣き出してしまったという秘話まであるんだ。

そこで、若い事務員は、ほうほうの態《てい》たらくで、大学へ逃げ帰ったんだが、一本気《いっぽんぎ》の牧野先生は、もう腹《はら》の虫《むし》がおさまらないで、サッサと辞表を提出してしまったんだ。博士も先日東大で発表したように、どうせ、もう大学を辞めてもいいと思っていたし、御自身は大学に対しては、ちっとも未練《みれん》はなかったんだよ。ただ同じ辞めるにしても、大学がもっと博士に礼儀をつくしてくれればよかったんだね。

のみならず、博士が辞職の決意をして大学へあいさつに行くと、当の理学部長の寺沢寛一先生は、肝心《かんじん》の事務員事件をあまり御存知《ごぞんじ》ないらしいんだ。それでとうとうこの事件は、植物学の某教授の博士追い出し策に過ぎない、という疑惑が、ようやく濃厚になり、世間でもその教授に対して「忘恩教授《ぼうおんきょうじゅ》」などと、陰口《かげぐち》をきくようになったんだよ。

Ａ　それにしても、だいたい大学講師の定年はいくつなんだい？

Ｂ　冗談言っちゃいけない。ただのはかない嘱託《しょくたく》にすぎない大学講師なんかに定年なんかあるものか。強いて言えば講師は毎年毎年、その三月には定年（？）なんだ。というのは、原則として講師は、一年単位の臨時やといだからね。定年制のあるのは、教授、助教授、さては助手など東京帝国大学官制第一条《とうきょうていこくだいがくかんせいだいいちじょう》に、ちゃんと明記されている官吏《かんり》だけなんだよ。講師については、帝国大学令第四条に「必要アル場合ニ於《おい》テハ帝国大学総長ハ講師ヲ嘱託《しょくたく》スルコトヲ得」と規定されてあるだけなんで、そもそもの初めをいえば講師なんか、大学になくたってちっともおかしくはない存在なんだ。

Ａ　それで実際の待遇の差はどうなんだ。

Ｂ　官吏《かんり》たる助教授、教授などは元来、そうとうの実質上、待遇を受けている。それに各学部で定員がちゃんと治まっているから、うかつに教授に長生きされると、その下の助教授などは、全くの万年助教授で一生浮かばれんことになる。それで定年制というのができ上ったのだが、その代わり、定年で辞めるような連中には、ちゃんと恩給がついていて、老後の生活は保証されているんだ。ところが講師の場合だが、いいかい？　さっき言った毎年毎年辞令の出るような講師の俸給は、元来、毎週その講師が受け持たされている、たとえば、毎週一時間の講義をする講師の年俸は、大体百五十円から、二百円、二時間講義をするものは、その二倍の三百円から四百円という風に、慣習的に相場が決まっているんだ。

だから一時間講義をする先生は、月割《つきわ》りにすれば、たった十二三円の月給取りという勘定《かんじょう》になる。ふつうの講師は、毎週二時間から四時間だから、その中をとれば月給は大たい三十八円というわけさ。ところが、わが牧野老先生は、本年七十八歳、四十七年間もの長い間講師を勤めあげた甲斐《かい》があって、講師としては最高の月給取りなんだが、それが先日来、問題の月給七十五円なんだ。

これは大学講師としては異例の異例と言っていいくらいの高給取りなんだが、他方官吏たる職員の場合を考えると、七十五円なんて端っ葉は、学校出たてのホヤホヤ二十代の青二才のような助手でも立派にとる俸給に過ぎない。だから大学講師として続ける限り、先生が百歳まで長生きをなきろうと、百円のサラリーマンにはなかなか及びもつかない待遇しか、大学から受けられんわけさ。

Ａ　なるほど、それなら牧野博士のような大学者を大学では、なぜ、そんな半世紀もの長い間、単なる講師として放任して置いたんだ。博士は一体それで生活できたのかい。また、博士は大学から見れば、ほんとの学者じゃないとでもいうのかい。

Ｂ　博士が学者じゃないと、バカなことは冗談にも言い給《たも》うな。この点では本職の大学がやはり、博士の博《ひろ》い学殖《がくしょく》を一番知っていることだろう。なぜって、明治のころ、わが国の植物学者が、植物を採集してきては、それを自分で学名がつけられないので、標本を一々外国に送っては、向うの先生に学名をつけてもらっていたころ、牧野博士が出現して、初めて独力で、どしどし新学名をつけられ、後世の学者はそれを真似《まね》るようになったんだし、現に、いま六千種からある日本の植物のうち、千五百種以上の学名は、博士がたった一人で名づけ親になっているといわれているんだからね。

また、ドイツの故エングラー博士(注)、アメリカのベイリー博士などの世界的学者が、日本の植物学者に頭を下げたのは、ただ、わが牧野老先生だけだったんだからね。そんじょ、そこいらの自称学者先生とは、桁《けた》ちがいの大学者なんだ。三宅驥一《みやけきいち》博士はかつて、牧野博士のことを「百年に一度出るか出ないかの大学者」とまで折り紙をつけて激賞されたんだ。事実、博士に一目にらまれると、日本のどんな地方の植物でも、それが草の切れっぱし、葉の一片はおろかなこと、あの識別のもっとも至難とされているところの、ただの芽生《めば》えがあっただけで、その植物が何科の植物で、どんな性質のものか、いっぺんで正体

【エングラー博士（一八四四～一九三〇）】ドイツの植物学者。植物分類学と植物地理学で業績を残した。とくに、植物の分類体系である新エングラー体系の基礎を完成させたことで著名。新エングラー体系は、現代においても、広義の植物（コケやシダ等を含む）を扱う唯一の分類体系として評価される。

が暴露されてしまうというんだから、俗な表現だが、まったく天才というのほかないよ。

……

大学の帰途、自動車と衝突

いまから七年ほど前になるが、大学からの帰途、街で拾《ひろ》った円タクで白山上《はくさん》を通過した時、前方から疾走《しっそう》してきた自動車と衝突し、大怪我《おおけが》をした。窓ガラスで顔を切り、ひどく出血した。直《ただ》ちにハンカチで傷口を押さえながら、大学病院に駆けつけて、七針か八針縫《ぬ》ってもらった。この事故で眼をやられず、動脈をやられなかったことは幸いであった。

退院したては人相が悪かったが、思ったより早くよくなった。医者は酒を飲まないから全快が早いのだと喜んでくれた。

朝日文化賞を受賞

昭和十二年一月二十五日、朝日新聞社から昭和十一年度の朝日賞〈朝日文化賞〉を贈られた。

これは私の過去五十年間の研究集大成として『牧野植物学全集(注)』を完成し、昭和十一年十一月に刊行したが、これに対し贈られたものである。

当時の「朝日新聞」には「〈牧野〉博士が命名した新種一千を越え、新変種及び新たに改訂した学名を加えれば一千五百に達している。したがって世界の植物分類学者で牧野博士の名を知らぬものはほとんどない。……真正の国宝的学者といっても過言でない。現在、各帝大その他の学校、研究所にいる数十名の植物分類学者を初め、全国に分散している植物同好者数百名は直接間接に博士の指導を受けた門下生といってもよいものである。博士が日本植物分類学の創設者、日本植物研究の第一人者たるの功績は没《ぼっ》すべからざるものであるが、同時に日本の植物分類学者の大多数に親切に手ほどきして、養成《ようせい》した功労も、また甚大なるものであるといわねばならない」とあった。

燦《りん》たる栄誉の蔭《かげ》に
血の滲《にじ》む不撓《ふとう》の精励《せいれい》
文化史に不滅の足跡
十一年度朝日文化賞が讃える業績

「文化日本」のため絶大な貢献をなした功績者として一月二十五日東京朝日新聞社において昭和十一年度の「朝日賞」を贈呈される九氏――わが植物学界の至宝《しほう》、牧野富太郎氏

【牧野植物学全集】 誠文堂新光社から昭和十一年に刊行が始まり、日本植物図説集・植物随筆集・植物集説（上）・植物集説（下）・植物分類研究（上）・植物分類研究（下）・総索引の「全七巻」からなる。

……
日本植物分類学の始祖
輝く研鑽《けんさん》五十年の集大成
斯界《しかい》の至宝牧野博士
…………

牧野博士が受けた賞牌《しょうはい》には、
一、日本植物分類の研究
本邦の植物分類に専念すること五十年、この全的努力は遂に昭和十一年十一月牧野植物学全集を完成し、わが植物学界に貢献すること多大なり。
右貴下の功績を賞讃《しょうさん》し、本社朝日文化賞規定により表彰候也。
とある。

朝日賞の詮衡《せんしょう》に当たって、新聞社の人が大学の教室に見えた時、柴田桂太博士を初め、皆喜んで賛成してくれたが、ただ一人某博士のみは私のことを悪口《あっこう》し、散々《さんざん》にこき下したので、新聞社の人もその態度を怒り、それにはかまわずに私を推薦したということである。

朝日賞を受けた時もらった金は、何か有益なことに使わねば相済《あいす》まぬと考え、いまなお大切に保管している。
都々逸《どどいつ》に咏《よ》んだものに、

沈む木の葉も流れの工合
　浮かぶその瀬もないじゃない

大学を辞す

昭和十四年の春、私は思い出深い、東京帝国大学理学部植物学教室を去ることになった。私はもう年も七十八歳にもなったので、後進に途《みち》を開くため、大学講師を辞任するの意はかねて抱いていたのであったが、辞めるについて、少なからず不愉快な曲折があったことは遺憾《いかん》であった。私はいま改《あらた》めて、それについて語ろうとは思わないが、何十年も恩を受けた師に対しては、相当の礼儀《れいぎ》を尽くすべきが人の道だろうと思う。権力に名をかり一事務員を遣《つかわ》して執《しっ》達吏《たつり》の如《ごと》き態度で私に辞表提出を強要するがごときことは、許すべからざる無礼《ぶれい》であると私は思う。辞める時の私の月給は、七十五円であったが、このことは相当世間の人を驚かしたようだ。

私は大学を辞めても植物の研究を止めるわけではないから、その点は少しも変わりはないわけである。

「朝な夕なに草木を友にすれば淋しいひまもない」

というのが私の気持ちである。

私の人生と大学

昭和十四年から凡《およ》そ五十二年ほど前の明治二十年頃に、民間の一書生《しょせい》であった私は、時々《ときどき》否《い》な、ほとんど不断《ふだん》に東京大学理科大学、すなわち、いまの東京帝国大学理学部の植物学教室へ通っていた。がしかし、大学とは公において何の関係もなく、これは当時、植物学の教授であった理学博士矢田部良吉先生の許しを得てであったが、先生たち初め学生諸君までも、非常に私を好遇《こうぐう》してくれたのである。

教室の書物も自由に閲覧《えつらん》してよい、標本も勝手に見てよいと、マルデ在学の学生と同様に待遇してくれた。その時分は、いわゆる青長屋《あおながや》時代であった。私はこれがため、大変に喜んで、自由に同教室に出入りして、大いに、わが知識の蓄積に努め、また新たに種々と植物を研究して日を送った。

そこで、つらつら私の思ったには、従来、わが国に、まだ一つの完全した日本の「植物志《しょくぶつし》」、すなわち「フロラ」がない、これは国の面目《めんぼく》としても、確かに一つの大欠点《だいけってん》であるから、「それは是非《ぜひ》とも、われら植物分類研究者の手によって、その完成を理想として、新たに作り始めねばならん」と痛感したもんだから、私は早速にそれに着手し、その業《ぎょう》を始めることに決心した。

それには、どうしても図が入用《いりよう》であるのだが、いまそれを描く自信はあるから、それは敢《あ》えて心配はないが、しかし、これを印刷せねばならんから、その印刷術も、一《ひ》ト通りは心得ておかねば不自由ダと思い、そこで神田《かんだ》錦町《にしきちょう》にあった一《ひとつ》の石版《せきばん》印刷屋で、一年ほどその印刷術稽《けい》古《こ》をした。そして、いよいよ『日本植物志』を世に出す準備を整えた。

その時、私の考えでは、およそ植物を知るには、その文章も無論《むろん》必要だが、図は早解《はやわか》りがする。ゆえに、とりあえず、その図を先に出し、その文章を後回しにすることにして、断然、実行に移すこととなり、まず、その書名を『日本植物志図篇』と定めた。これは『日本植物志』の図の部の意味である。

そして、いよいよ、その第一巻第一集を自費を以《もっ》て印刷し、これを当時の神田裏神保町《かんだうらじんぼうちょう》にあった書肆《しょし》敬業社をして発売せしめたが、それが明治二十一年十一月十二日で、いまから大分《だいぶ》前のことであった。その書名は前記の通りであったが、これを欧文で記するとIllustrations of the Flora of Japan, to serve as an Atlas to the Nippon-Shokubutsushi であった。

助教授であった松村任三《じんぞう》氏は、大変にこれを賞讃してくれて「余《よ》ハ今日只今《こんにちただいま》日本帝国内ニ本《ほん》邦植物図志《ぽうしょくぶつずし》ヲ著《あらわ》スベキ人ハ牧野富太郎氏一人アルノミ……本邦所産《ほんぽうしょさん》ノ《の》植物《しょくぶつ》ヲ全璧《ぜんぺき》センノ責任ヲ氏ニ負ハシメントスルモノナリ」と、当時の「植物学雑誌」第二十二号の誌上へ書かれた。

矢田部教授に拒絶される

それが、明治二十三年三月二十五日発行の第六集まで順調に進んだ時であった。ここに突然、私にとっては、一つの悲しむべき事件が発生した。それは教授の矢田部氏が、何の感ずるところがあってか知らんが、ほとんど、上の私の著書と同じような日本植物の書物を書くことを企《くわだ》てた。そこで私に向かって宣告するに、「今後は教室の書物も標本も一切私に見せない」とのことをもってした。私はこの意外な拒絶に遭《あ》って、ヒタと困った！

早速に、矢田部氏の富士見町の宅を訪問して氏に面会し、私の意見を陳述し、また懇願《こんがん》してみた。すなわち、その意見というのは、第一は、先輩は後輩を引き立つべき義務のあること、第二は、今日植物学者は極めて少ないから、一人でもそれを排斥《はいせき》すれば学界が損をし、植物学の進歩を弱めること、第三は、やはり相変わらず書物標本を見せてもらいたきこと、この三つをもって折衝《せっしょう》してみたが、氏は強情にも頑《がん》としてそれを聴き入れなかった。

その時は、ちょうど私が東京近郊で、世界に珍しい食虫植物のムジナモ（Aldrovanda vesiculosa L.）を発見した際なので、私は止むを得ず、これを駒場の農科大学へ持って行って、そこでそれを写生し、完全なその詳図《しょうず》ができた。この図の中にある花などの部分は、その後、独逸《ドイツ》の植物書にも転載せられたものである。

私は矢田部教授の無情な仕打ちに憤懣《ふんまん》し、しかる上は、矢田部を向こうへ回してこれに対抗し、大いにわが著書を進捗《しんちょく》さすべしと決意し、そこで初めて多数の新種植物へ学名をつけ、欧文の記載を添《そ》え、続々とこれを書中に載《の》せ、上の『日本植物志図篇』を続刊した。

当時、私の感じでは、いま仮りに、これを相撲に喩《たと》うれば、それはちょうど大関と褌担《ふんどしかつ》ぎのようなもの、すなわち矢田部は大関、私は褌担ぎで、その取り組みは、はなはだ面白く、真に対抗し甲斐があるので大いにヤルべしということになり、そこは私は土佐の生まれだけあって、その鼻息が頗《すこぶ》る荒らかった。

一方では、杉浦重剛《じゅうごう》先生、または、菊池大麓《だいろく》先生など、それは矢田部が怪《け》しからんと、大いに孤立せる私に同情を寄せられ、ことに、その頃発行になっていた「亜細亜《あじあ》」という雑誌へ杉浦先生の意を承《う》けて、大いに私のために書いて声援して下さった。

ちょうど、その時である。イッソ私は、私をよく識《し》ってくれている日本植物研究者のマキシモヴィッチ氏の許《もと》に行かんと企て、これをロシアの同氏に紹介した。同氏も大変喜んでくれたのであったが、その刹那《せつな》、同氏は不幸にも流感《りゅうかん》で没したので、私は遂にその行をはたさなかったが、その時に「所感」と題して、私の作った拙《つたな》い詩があるからお目にかける。

専攻斯学願樹功、微躯聊期報国忠、人間万事不如意、一身長在轗軻中、泰西頼見義侠人、
憐我衷情傾意待、故国難去幾踟躕、決然欲遠航西海、一夜風急雨黫黫、義人溘焉逝不還、
倏忽長隔幽明路、天外伝訃涙潸潸、生前不逢音容絶、胸中鬱勃向誰説、天地茫茫知己無、
今対遺影感転切

奇遇な東京大学での研究生活

明治二十四年十月、遂に上の図篇が第十一集に達し、これを発行した時、私の郷里土佐国佐川町に残してあったわが家（酒造家）の始末をつけねばならぬことが起こったので、仕方なく、右の出版事業をそのまま擲《なげう》っておいて、匆々《そうそう》東京を出発する用意をし、まもなく再び東京へ出て来るから、今度出て来たが最後、大いに矢田部に対抗して奮闘すべく、意気込んで国へ帰った。すなわち、それが右二十四年の秋も半《なか》ばを過ぎた紅葉の時節であった。

国に帰った後で、一つの驚くべき一事件が大学に突発した。それは矢田部教授が、突然、大学を罷職《ひしょく》になったことである。同教授のこの罷職は、何も私とのイキサツの結果では無論なく、これは他に大きな原因があって、つまり、同じ大学の有力者との勢力争いで、遂に矢田部教授が負けたのである。それには彼の鹿鳴館《ろくめいかん》時代、一ツ橋高等女学校における彼の行為も、大《だい》分《ぶ》その遠因《とういん》を成しているらしく思われる。

越《こ》えて、明治二十五年になった。月も日も忘れたが、大学から一つの書面が私の郷里に届き、私の手に入った。披《ひら》いて見ると「君を大学へ採用するから来い」とのことが書いてあった。大抵《たいてい》の人なら、こんな書面に接したら、飛び立つように喜ぶであろうが、私はそう嬉しいようにも感じなく、「アアそうか」というくらいの気持ちであった。そこで早速、返事を認めて、「ただいまわが家を整理中だから、それが済んだら上京して御世話になります」と、挨拶をしておいた。

翌明治二十六年一月になって、私の長女が東京で病死したので急遽《きゅうきょ》私は上京した。大学の方はどうなっているか知らんと聴いて見たら、地位がそのまま空《あ》けてあるから、いつからでも這入《はい》れということで、私は遂に民間から入って大学の人となり、助手を拝命して植物学教室に勤務し、毎月、月給を大枚十五円ずつ有《あ》り難《がた》く頂戴《ちょうだい》したが、これは一面からいうと、実は芸が身を助ける不仕合《ふしあわ》せでもあったのである。

実は、私は大学へ勤めるまでは、私の覚えていないほど、早く死んだ親から遺《のこ》された財産があって、何の苦労もなくノンビリと一人で来たのである。が、ちょうど大学へ入った時分に、それがまったく尽きてしまった。それは大抵《たいてい》、皆《み》な、わが学問に入れあげたからであったが、そこは鷹揚《おうよう》な坊チャン育ちの私には、金の使い方が確かにマズク、いまでもよく「牧野は百円の金を五十円に使った」と、笑われることがある。

思うて見れば、誠に不思議なもので、小学校も半分しかやらず、その後、どこの学校へも入らず、何の学歴も持たぬ私が、ポッカリ民間から最高学府の大学助手になり、講師になり、後には遂に、博士の学位までも頂戴したとは実にウソのようなマコトで、実に世は様々何がどうなるか分かったもんではない。

だが、昨日まで暖飽《だんぽう》な生活をして来た私が、遽《にわ》かに毎月十五円とは、これには弱った。何分《なにぶん》足りない、足りなきゃ借金ができる、それから、だんだん子供が生まれだし、驚くなかれ、後には遂に十三人に及んだ。そして割合に給料が上がらない。さあことダ、私の多事多難《たじたなん》はこれがスタートして、それからが波瀾重畳《はらんちょうじょう》、具《つぶ》さに辛酸《しんさん》を嘗《な》めた、幾十年を大学で過ごした。その間、また断えず主任教授の理不尽な圧迫が、学閥《がくばつ》なき私に加えられたので、今日その当時を回想すると、面白かったとは冗戯半分《じょうだん》いえないこともないではないが、しかし誠に閉口《へいこう》した。がそれでも、上に媚《こ》びて給料の一円も上げてもらいたいと、女々《めめ》しく勝手口《かってぐち》から泣き込んで、歎願《たんがん》に及《およ》んだことは一度もなく、そんなことは苟《いやし》くも男子のすることではないと、一度も落胆はしなかった。

そして、こんな勢いの不利な場合は、いくらあせっても仕方がないから、そんな時は黙ってウント勉強し、潜勢力《せんせいりょく》を養い、他日の風雲《ふううん》に備《そな》うる覚悟をするのが最も賢明であると信じ、私は何の不平も口にせず、ただ黙々として研究に没頭し多くの論文を作ってみたが、この研究こそ、他日《たじつ》、端《はし》なく私の学位論文となったものである。

大学を出てどこに行く？

紆余曲折《うよきょくせつ》ある、こんな空気の中に長くおりながら、何の学閥《がくばつ》もなき身をもって、明治二十六年就職以来、今日まで実に四十七年の歳月《としつき》が流れたのである。こんな永い間、敢《あえ》て薄給《はっきゅう》を物ともせず、嫌な顔一つも見せずに、いつもニコニコと平気で在職していたことは、大学としても珍しいことであろうし、また本人の年からいっても、七十八歳とは、これもまた他に類のないことであろう。

そこで私の感ずることは、なるべく足許《あしもと》の明るいうちに、この古巣《ふるす》を去りたいことで、去年からそれを希望し、今年三月を限りとし、「長く通した我儘《わがまま》気儘《きまま》早や年貢《ねんぐ》の納《おさ》め時」の歌を唄いつつ、この大学の名物男（これは他からの讃辞であって、自分は何んとも思っていない）または、いわゆる「植物の牧野サン」（これも人がよくそういっている）が、この思い出深い植物学教室にオ暇乞《いとまご》いをするのである。

大学を出てどこへ行く？　モウよい年だから隠居《いんきょ》する？　トボケタこと言うナイ、われらの研究はマダ終わっていないで、なお前途遼遠《ぜんとりょうえん》ダ。マダ自分へ課《か》せられた使命は、はたされていないから、これから足腰の達者な間は、この闊《ひろ》い天然の研究場で馳駆《ちく》し、できるだけ学問へ貢献するのダ。

幸い、若い時分から身体に何の故障もなく、頗《すこぶ》る健康に恵まれているので、その辺は敢て心配無用ダ。私の脈は柔らかく血圧は低く、エヘン元気の電池であるアソコも衰えていなく、そして酒も飲まず、煙草も吸わぬから、まず長命は請《う》け合いダと信じている。マア死ぬまで活動するのが、私の勤《つと》めサ。「薬もて補うことをつゆだにもわれは思わずきょうの健《すこ》やか」、これなら大丈夫だ。

言い漏《も》らしたが、前の『日本植物志図篇』の書は、その後どうなっタ？　それは私の環境が変わったので、アレはまずその第十一集で打ち切り（十二集分の図はできていたけれど）、後に、当時の浜尾総長の意を体《てい》して、大学で私が『大日本植物志』の大著《たいちょ》に従事していたが、ある事情の下に、それは第四集で中止した。

これは、わが国、植物書中の、最も精緻《せいち》を極めたものであるので、その中止は、わが学界のためにこの上もない損失であった。著者であった私としては、マー私の手腕のいかなるものであったかの証拠を示した記念碑を建ててもらったのダト思えば、多少、自ら慰むるところがないでもない。

以上は、頗《すこぶ》るダラシのないことを、長々と書き連《つら》ねたので、筆を擱《お》いた後、私は恐れ縮《ちぢ》こまっている。

ながく住みしかびの古屋をあとにして
気の清《す》む野辺にわれは呼吸《いき》せむ

七十九歳の抱負を語る

これから二つの大仕事

思い出深い大学は辞《や》めたが、自分の思うように使える研究の時間が多くなったことは、何より幸いである。私は幸い、健康に恵まれていて、雨天の際もレインコートを着けることをつとめないでも平気だし、また植物の図を描く時にも、どんな細部でも毛筆《もうひつ》で描けて決して手がふるえるようなことはない。貧乏な私にとって、衣服の心配はなし、助手をやとう必要はなし、真に有難《ありがた》い健康を得たと思っている。

私にこれから先に課せられた大きな仕事は二つある。一つは、私が蒐集《しゅうしゅう》した膨大な標品の整理であり、もう一つは『日本植物図説』の刊行である。この二つは、私に課せられた天の使命と信じ、今後、万難を排して、完成しなければならないものである。

標品の整理

標品の整理は、これから研究を進めるについても、ぜひしなければならないものであるが、なにせ何十万という膨大な数に上っているので、なかなか一朝一夕《いっちょういっせき》に片付くものではなく、少なくとも、三、四年の年月はかかると思う。もし、整理をせずに置けば、全く宝の持ち腐れで、この貴重な蒐集《しゅうしゅう》も、枯草《かれくさ》の集りに過《す》ぎぬことにもなる。また、この整理は、採集者である私自身でなければ不完全になる恐れがある。

私は何十年もの間、根気よくこの標品を蒐集《しゅうしゅう》してきたが、常に将来『日本植物図説』を刊行する時の研究材料にする心がまえで、完全な標品を、しかも多数にとることを忘れなかった。記載を完璧《かんぺき》なものにするには、どうしても完全な標品を十分に持っている必要があるのであって、私はその点、世間の他の人より優《すぐ》れていると自負している。私は標品整理完了の暁《あかつき》には、その一部を日本植物学界のために遺《のこ》し、また、他の一部は欧米の植物学界のために寄贈し、もって世界を利せんことを念願としている。そうすれば、私の標品も決して無駄《むだ》にはならず、その価値を十分に発揮することができるわけである。

また、この標品整理には、仕事場が必要であって、そのため私は、バラックで結構だから建物が欲しいと思っている。五間《ごけん》に六間《ろっけん》くらいの広さで、二階建で風雨が凌《しの》げれば十分であると思う。

標品整理が完了し、できれば国家の手で、私の標品が標品館にでも収容されるようになれば、非常に満足に思う。私はこの苦心の標品が、火災により焼失したり、また、ネズミその他害虫などにより、破損することを恐れている。この標品の始末を速《すみやか》になし遂げるまでは、私は安泰《あんたい》としてはいられない気持ちでいる。

『日本植物図説』を刊行する

もう一つの大きな仕事として、私に課せられた使命は、『日本植物図説』の刊行である。私は植物に関係した当初からこの考えをもっており、明治二十二年頃には『日本植物志』刊行を発念《ほつねん》し、『日本植物志図篇』を手始めに出版したが、その序文にもあるごとく、『日本植物志』刊行の必要を痛感していた。私の考えは終始一貫《しゅうしいっかん》しているが、なかなか思うようにならず、遂に今日に及んだが、日本にはどうしても日本植物研究の土台となるべき完全な「日本植物志」が必要である。

この仕事の遂行には、自分は最適任者の一人であると自負している。幸いに、私はこの仕事を遂行するに十分な健康を持っている。いまでも、夜二時過まで仕事をしているが、これをしないでは物足らない感じがする。仕事をすまして、頭を枕につけるとたんにぐっすりと朝まで熟睡するから、いまだに記憶力が鈍《にぶ》ったとか、気力が衰《おとろ》えたとか感じたことはない。

今年は七十九歳になったが、胃腸も丈夫で何でも食べるし、血圧は低く、採集に山登りをしても、足腰が痛むということはまったくない。そう肩が凝ったらあんまをしろの、腰をさすってくれのなどといったことがないから、家の者はまことに世話のやけない年寄りだと思って喜んでいる。

私は自身でも図を描くので、図を描かせるについても、要領よく指図をすることができて具合がよい。図説は彩色したものにする積《つ》もりで、一般の人にも分かる便利なものにしたいと思っている。この時局で、色々のものが十分にいかんのは残念であるが、私は献身的の努力をもって、これを完成する覚悟でいる。

私はこの図説は、世界に向かって、その真価を問うつもりでいる。出版の暁《あかつき》は、ぜひ広く世の人に講評《こうひょう》を仰ぎたいと思っている。私はこの二つの大きな仕事の遂行に当たり、大方の御後援《ごこうえん》、御鞭撻《ごべんたつ》を賜《たまわ》ることを、切に希望して止まない。

私の今の心境

私は去年、大学を辞めて以来、日夜、この大使命遂行《だいしめいすいこう》のために献身的努力を払っているのであって、決して安閑《あんかん》と日を過《すご》しているのではない。「三年蜚《と》ばない鳴かない鳥も蜚んで鳴き出しゃ呼ぶ嵐」というのが、私のいまの心境である。

私は植物研究の五十年を回顧《かいこ》して詠んだ次の句を以《も》て、この自叙伝の終わりを結びたいと思う。

草を褥《しとね》に木の根を枕、花を恋して五十年

（五十年といえども、この恋はまだ醒めない）

終わりに臨《のぞ》み、私のために永らく貴重な誌面を提供された白柳《しらやなぎ》秀湖《しゅうこ》先生の御厚意に対し、深甚《しんじん》なる感謝の意を表したいと思う。

八十五歳の抱負を語る

八十五歳のわれは今何をしているか

私は今年八十五歳になるのだが、わが専門の植物研究に、毎日毎夜、従事していて、敢て飽《あ》くことを知らない。つまり、植物学への貢献をなど閑《かん》に付していないのだから、何方《どなた》にも御安心を願いたい。実際、私は、昨年十月二十四日に山梨県北巨摩郡穂坂村《きたこまぐんほさかむら》の疎開先《そかいさき》から帰宅した。以来、なんだか新世界へ生まれて来たような気持ちである。これからは日本文化のため尽くさねば、国民たるの資格が果たせないとの考えから、大いにその責任と義務とを良心的に感じている次第だ。

早速に、わが仕事として、年来蘊蓄《うんちく》した知識を順々に発表するため、「牧野植物混混録《こんこんろく》」なる個人雑誌を編輯《へんしゅう》したが、鎌倉書房主人が義侠的《ぎきょうてき》にこれを発刊してくれたので、以下の号も、続いて世に出すこととなっている。そして私は、疎開先から帰るや否や躊躇《ちゅうちょ》なく我が研究を進め、今日の只今《ただいま》も繇条書屋《ようじょうしょおく》の書斎南窓下の机に凭《よ》って、一方には、植物の実物を検《けみ》し、一方には、ペンを動かしてこれを記述《きじゅつ》し、また写生図《しゃせいず》をも自分に作っている。

この間、机前《きぜん》に座り通し、ただ用事のある時、食事の時、または来客に接する時などだけ、それを離れるのである。頃日《けいじつ》庭に咲いた中華民国産の「マルバタマノカンザシ(注)」（円葉玉簪花）の写生に四日を費やしたようの始末で、あまりわが庭へも出る暇《いとま》がない。それゆえ、わが庭で何時《いつ》草の花、木の花が咲き了《おわ》ったのか知らずに過ごしていることも時々ある。

また、偶々《たまたま》庭に出ると、そこから採集して来た植物を、いまでも昔と同じく標品に製作して、他日の考証に備える用意を怠ってなく、その押紙《おしがみ》を取り換えることなど、皆自分でやらんと気が済まない。すなわち、こんなことが私の日常の日課で少しも休んでいない。そして不断《ふだん》、夜は大抵《たいてい》一時二時、もしくは三時までも勉強し、時にはペンを走らしている間に、夜が明けることもある。けれども、敢て体の疲れることを覚えないのは、なにより幸せであると喜んでいる。

私はこのようにすることが、わが楽しみであるばかりでなく、それは私に課せられた使命であると信じており、勉強すればするだけ仕事の効果も上がり、ひいては、それが斯学《しがく》に貢献することとなり、つまりは日本文化のためになることを思えばなんの苦にもならず、極めて欣《よろこ》ばしく感じているばかりである。ゆえに、今日の私はわが一身を植物の研究に投じ、至極愉快《しごくゆかい》に

【マルバタマノカンザシ】昭和初期に中国から輸入されて栽培が始まったユリ科ギボウシ属の多年草。高さは、四十～八十センチ。夏の夜に純白な芳香の強い花を咲かせ、朝にはしぼむ一日花。

その日その日を送っているので、こうすることのできるわが身を非常な幸福だと満足している次第である。

そして、前にも記した通り、わが年も八十五になったから、これから先、そう長くも生きられ得べくもなく、もう研究する余年も、はなはだ少ないので、只今《ただいま》、この健康に恵まれ、眼も手もよい間に、うんと精出《せいだ》しておかねばならんと痛感している。同学の諸士は、私よりは年下だのに、早くも死んだ人が少なくないに拘わらず、我は、なお心身矍鑠《しんしんかくしゃく》たる幸福を贏《か》ち得ているから、この達者なうちに、一心不乱《いっしんふらん》働かねば、相済《あいすま》ぬことと確信している。

書斎で調べものをする富太郎（高知県立牧野植物園提供）

私は天性植物が好きだったのが何より幸福で、この「好き」が、一生私を植物研究の舞台に登場させて躍《おど》らせた。これがため、私の体は幸いに、無上の健康を得、私の心は無上に快適で、前述のように、高年の今日でも、その研究が若い時分と同じく続けられ、国家並《なら》びに学問に対するわが義務が、多少でも果たせることを念《おも》うと、まことに歓喜《かんき》の至りに堪《た》えない。これは一に天に謝《しゃ》さねばならぬものである。

私は元来、土佐高岡郡佐川町の酒造家に生まれた、一人ぽっちの伜《せがれ》であるが、まだ顔を覚えない幼い時分に両親に別れた。そして孤《こ》となり、羸弱《るいじゃく》な生まれであったが、植物が好きであったので山野での運動が足り、かつ何時《いつ》も心が楽しかったため、したがって体が次第に健康を増し丈夫《じょうぶ》になったのである。そして私は、小さい時から酒も煙草も飲まないので、これも私の健康の助けになったに違いないと信じている。

人間は足腰の立つ間は、社会に役立つ有益な仕事をせねばならん天職を稟《う》けている。それゆえ、早く老い込んではお仕舞《しまい》だ。また、老人になったという気持ちを抱いては駄目だが、しかしそんな人が世間に寡《すくな》くないのは歎《なげ》かわしい。

今日、戦後の日本は、戦前の日本とは違い、脇目《わきめ》もふらず、一生懸命に活動せねばならぬのだから、老人めく因循姑息《いんじゅんこそく》な退嬰《たいえい》気分は、一切放擲《いっさいほうてき》して、いくら老人でも、若者に負けず働くことが大切だ。私は、翁《おう》、老《ろう》、叟《そう》の字が大嫌いで、揮毫《きごう》の際、結網翁《けつもうおう》（「結網《けつもう》」は私の号）などと書いたことは夢にもない。

何時《いつ》までも生きて仕事にいそしまんまた生まれ来ぬこの世なりせば
何よりも貴《とお》とき宝持つ身には富も誉《ほま》れも願わざりけり
百歳に尚《なお》道遠く雲霞《くもがすみ》

花と私――半生の記――

私は土佐の国高岡郡佐川町における酒造家の一人息子に生まれたが、幼少のころから植物が何よりも好きであった。そして家業は番頭任《まか》せで、毎日植物をもてあそんでこれが唯一の楽しみであった。

初め町の土居謙護《どいけんご》先生の寺子屋で字を習い、次に町外《まちはず》れにあった伊藤徳裕《のりひろ》（蘭林《らんりん》）先生について再び字を習った。明治七年、小学校ができる直前には、名教館《めいこうかん》で日進の学課を修《おさ》め、次いで、同七年にできた町の小学校に通い、傍《かたわ》ら師について英語を学んだ。明治九年に、小学校を半途退学《はんとたいがく》、次いで、高知に出で弘田正郎先生の私塾に入った。

そして、それ以後は、私の学問は全く独修でいろいろの学課を勉強した。明治十七年に東京に出、同十八年に初めて大学の植物学教室に出入りした。明治二十六年ごろに大学助手を拝命し、その後、引き続いて、長いこと植物学教室で講師を勤め、理学博士の称号をもらった。大学では在職四十七年で辞職し、民間に下って今日に及《およ》んでいる。そして日本学士院《にほんがくしいん》の会員に挙げられた。

『日本植物志図篇』というのが私の処女作で、それから大学発行の『大日本植物志』を初めとして、その他、いろいろの書物を著《あら》わし、出版した中で、北隆館《ほくりゅうかん》で発行した『牧野日本植物図鑑(注)』が、一番、広く世人に愛読せられている。

上に述べたように、私の一生は、ほとんど植物に暮れている。すなわち、植物があって生命があり、また長寿でもある。ようこそわれは、この美点に富んだ植物界に生まれ、植物が好きであったことを神に謝《しゃ》すべきことだと思っている。私がもしも植物を好かなかったようなれば、いまごろはもっと体が衰え、手足がふるえていて、心ももうろくしているに違いなかろう。

幸いに、植物が好きであったために、この九十二歳になっても、英気ぼつぼつ、壮者《そうしゃ》をしのぐ概《おもむき》がある。そしてなお前途にいろいろの望みを持って、コノ仕事も遂げねばならぬと期待し、歳月のふけ行くことをあえて気にすることなく、日夜、わが専門の仕事にいそしんでいる。そのセイか、心身ともにすこぶる健康で、いろいろの仕事に堪《た》えられることは何よりである。

しかし、人間の寿命はそう限りなきものではないから、そのうちには寿命がつきて、アノ遠き浄土《じょうど》に旅立つことになろうから、そこで旅立ちせん前に、精力のあらん限りを尽くして国に報《むく》い、世に酬《むく》ゆる丹心《たんしん》を発展さすべきものである。すなわち、これこそ男子たるべき者のとるべき道でなくて何であろう。

私はわが眼力《がんりき》がまだ衰えていないので、細かき仕事をするに耐えられる。したがって、精細《せいさい》

【牧野日本植物図鑑】 昭和十五年（一九四〇）、北隆館から刊行された牧野植物学を代表する図鑑。『日本植物志図篇』『大日本植物志』『新撰日本植物図説』、そして、大正十四年の『日本植物図鑑』を経て、「牧野図鑑」の集大成と評価される。以後、現代に至るまで、最新の植物分類学の成果を反映し、新版が刊行中。

な密な図を描くことも少しも難事ではないのは、何より結構至極《けっこうしごく》なのであると自信している。

植物が好きであるために、花を見ることが何より楽しみであって飽くことを知らない。まことにもって幸せなことだ。花に対すれば、常に心が愉快《ゆかい》で、かつ美なる心情を感ずる。ゆえに独《ひと》りを楽しむことができ、あえて他によりすがる必要を感じない。ゆえに仮りに世人から憎まれて一人ボッチになっても、決して寂寞《じゃくまく》を覚えない。実に植物の世界は、私にとっての天国であり、また極楽《ごくらく》でもある。

私は植物を研究していると、あえて飽きることがない。ゆえに、朝から晩まで何かしら植物に触れている。したがって、学問上にいろいろの仕事が成就し、それだけ学界へ貢献するわけだ。なかには、新事実の発見も決して少なくないのは事実で、つまり、キーをもって天の扉を開くというものだ。

こうしたことが、人生として有意義に暮らさしめる。人生《ひと》まれて酔生夢死《すいせいむし》ほどつまらないものはない。大いに力《つと》めよや、吾人《ごじん》！　生きがいあれや吾人！　これ吾人の面目《めんぼく》でなくて何んであろう。何事も心が純正《じゅんせい》で、かつ何時《いつ》も体が健康で、自ら誇らず、他をねたまず、水の如《ごと》き清き心を保持して行くのは、神意《しんい》にかなうゆえんであろう。こんな澄《す》んだ心で一生を終えれば、死んでもあえて遺憾《いかん》はあるまい。そして、静かに成仏《じょうぶつ》ができるに違いなかろうと、あえて私は確信するのである。

終《おわ》りに臨《のぞ》て謡《うと》うていわく、
学問は底の知れざる技芸なり
憂鬱は花を忘れし病気なり
わが庭はラボラトリーの名に恥じず
綿密に見れば見る程《ほど》新事実
新事実積《つも》り積《つも》りてわが知識
何よりも貴《とおと》き宝持つ身には、富も誉れも願わざりけり

昭和二十八年九月

第二部　混混録《こんこんろく》

所感

何時《いつ》までも生きて仕事にいそしまんまた生まれ来ぬこの世なりせば

学者は死ぬ間際まで研鑽

われらの大先輩に本草学、植物学に精進《しょうじん》せられた博物学者の錦窠《きんか》翁伊藤圭介《いとうけいすけ》先生があった。珍しくも、九十九歳の長寿を保たれしは、まず例の少ないない目出度《めでた》いことである。しかるに、先生の学問上、研鑽《けんさん》が、この長寿と道連れにならずに、先生の没年より遡《さかのぼ》りて、およそ四十年ほども前にそれがストップして、その後の先生は、単に生きていられただけであった。そうすると、先生の研究は、直言《ちょくげん》すれば、死の前、早くも死んでいるのである。学者はそれでよいのか、私は立ちどころに「ノー」と答えることに躊躇《ちゅうちょ》しない。

学者は死ぬる間際《まぎわ》まで、すなわち身心が学問に役立つ間は、日夜、孜々《しし》として、その研を続けねばならない義務と責任とがある。畢竟《ひっきょう》それが学者の真面目で、学者の学者たる所以《ゆえん》はそこにある。「老」ということは、強いて問題にすべきものではなく、活動している間は、歳はいくつであろうと、敢てそれを念頭に置く必要はない。足腰が立たなくなり、手も眼も衰え来たってために仕事ができなくなれば、その時こそ初めて「老」が音《おと》ずれて、真の頽齢境《たいれいきょう》に入《い》るのである。そうなれば、まったく世に無用な人間となり果て、いつ死ぬるも御勝手《ごかって》で、何も遠慮することには及《およ》ばぬこととなる。

自分は平素、上のように考えているので、たとい年は取っても、なるべく仕事のできる期間の長からんことを祈っている。そして、前の伊藤先生の場合を回想すると、先生の長寿はこの上もなく目出度《めでた》いが、その疾《はや》く放棄せられた研究心は、その長寿に比べては一向にお目出度《めでた》くない。ゆえに学者としての先生は、決して九十九歳ではなく、それよりはずっと短く、およそ六十歳くらいの生命であったと断《だん》ずべきだ。自分は無論《むろん》先生の比類稀《ひるいま》れな長寿を祝《しゅく》することには異存《いぞん》はないが、しかし一面、早くも研鑽心《けんさんしん》を忘れた先生を弔《ちょう》することにも、敢て臆病ではないのだ。

私の健康法

昭和二十二年十一月一日、東京の中村舜二氏という方から『高齢一百人』と題する書物を用意するために、条項《じょうこう》書きで左の回答を求められたので、すなわち筆《ふで》を馳《は》せて、同十二月にその返答を書き綴《つづ》り、同氏へ送ったものが左の通りであった。そして、右同氏の書面には「老生事多少たりとも文献報国《ぶんけんほうこく》の微忱《びしん》不禁此度び現代各階級より御高齢の諸名士一百人を厳選《げんせん》仕《つかまつ》りその各位より健康長寿に干《かん》する御感想を伺《うかが》いそれを取り纏《まと》めて一本として最も近き将来に出《しゅっ》版《ぱん》仕《し》度存候《たくぞんじそうろう》」とあった。

〔一〕とくに健康法として日常実行しつつある何等かありや否

何にも別に関心事なく、平素坦々《たんたん》たる心境で、平々凡々的《へいへいぼんぼんてき》に歳月を送っています。すなわち、かく心を平静に保つことが、私の守ってる健康法です。しかし、長生きを欲するには、いつも、わが気分を若々しく持っていなければならなく、したがって私は、この八十六の歳になっても好んで、老《ろう》、翁《おう》、叟《そう》、爺《や》などの字を、わが姓名に向かって用いることは嫌いである。たとえば、「牧野翁」とか「牧野叟」とかと自署し、また人より「牧野老台《ろうだい》」などと、そう書かれるのも、まったく好きません。それゆえ、自分へ対して、今日まで自分にこんな字を使ったことは一度もなく、「わが姿たとえ翁《おきな》と見ゆるとも心はいつも花の真盛り」です。

〔二〕最近の日常生活振り

今日は時節柄《じせつがら》止むを得ないから、毎日、得られるだけの食物で我慢《がまん》し、生活せねばならぬのだが、しかし、なるべく滋養分《じようぶん》を摂取することに心掛《こころが》け、わが学問のために、いつまでも自分の体力を支え行かねばならんと痛感しています。それでも元来自分が幸いに至極《しごく》健康であるがゆえに、今日のところ身体は別に肥《こ》えることはないけれど、幸せには、また敢て弱りもしません。けれども戦前に比ぶれば、食の関係で多少痩《や》せたことは事実である。かつこの頃は、脂《し》油《ゆ》を得るに難いから、ために皮膚《ひふ》の枯燥《こそう》を招いています。まことに困ったもんです。

〔三〕食餌法《しょくじほう》、粗食《そしょく》、小食《しょうしょく》、菜食《さいしょく》、健啖《けんたん》の類《たぐい》、とくに好物として快喫《かいきつ》するもの

私は生来、割合に少食です。その食物は物により嫌いはあれど、また特殊な好物もなく、まずなんでも食っています。胃腸が頗《すこぶ》る丈夫なので、よく食物を消化し、一体食物には不断に誠に世話の焼けない方です。しかし、従来、腥臭《なまぐさ》いために余《あま》り魚類を好きませんでしたが、この頃は、食味が一変してよくそれを食しています。牛肉は幼年時代から一串《いっかん》せる嗜好品《しこうひん》ですが、鶏肉《とりにく》は余り喜びません。コーヒーと紅茶とは、至《いた》って好きで喜んで飲みますが、抹茶《まっちゃ》は、余り難有《ありがたく》思いません。今日は、右コーヒーと砂糖とが得難《えがた》いので困っていますが、しかしヤミで買えばなんとかなるようです、呵々《かか》。

〔四〕酒と煙草《たばこ》との来歴

私は酒と煙草とは、生来まったく嫌いで、幼少時代から両方とも飲みません。元来、私は酒造家の息子なれども、幼い時分から一向に酒を飲まなかったのです。従来、この酒と煙草とを用いなかったことは、私の健康に対して、どれほど幸せであったかと、今日、大いに悦《よろこ》んでいる次第です。ゆえに、八十六のこの歳になっても、少しも手が顫《ふる》わなく、字を書いても、若々しく見え、敢て老人めいた枯《か》れた字体にはならないのです。

また眼も良い方で、まだ老眼になっていないから、老眼鏡はまったく不用です。そして、いろいろの書き物、写し物はみな肉眼でやり、また精細《せいさい》なる図も同じく、肉眼で描きます。しかし、頭髪は、ほとんど白くなりましたが、私は禿《はげ》にはならぬ性です。歯は生まれつきのもので虫歯はありません。この頃は、耳が大分《だいぶ》遠くなって不自由です。それから頭痛、逆《のぼ》せ、肩の凝《こ》り、体の倦怠《だるさ》、足腰の痛みなど絶えてなく、按摩《あんま》は、私にはまったく用がありません。また下《げ》痢《り》なども余りせず、両便とも頗《すこぶ》る順調です。

〔五〕病歴

私は文久二年［一八六二年］四月の生まれですが、まだ、物ごころのつかぬ時分に、早くも両親に訣《わか》れて孤児となりました。わが家の相続人に生まれた私は、幼ない時分には体が弱々しかったので、家人《かじん》が心配し、時々、灸《きゅう》をすえられたが、それから後、次第に息災《そくさい》となり、余り病気をしたことがなく、そしてなんら持病というものがありません。

しかし、いまから最早《もは》や二十年ほど前に、医者に萎縮腎《いしゅくじん》だといわれましたが、小便検査にも一向蛋白《たんぱく》が出ず、あるいは、ときどき山に登り、あるいは、相当に体を劇動させても、爾《じ》後《ご》何の異条《いじょう》もなく、今日に及《およ》んでいます。しかし、この二、三年以来、重い物を抱《かか》える際に、突然、座骨神経痛様《ざこつしんけいつうよう》の強い痛みが偶発することがあるが、それは、およそ一ヵ月くらいで自然に全快します。また、昨年以来、不意《ふい》に三度も肺炎に侵されしが、幸いに平癒《へいゆ》して以来、なんの別条もなく、この頃は、一向に風邪《かぜ》にも罹《かか》らず過ぎ行いています。

数年前に、本郷の大学の真鍋物療科で健康診断をしてもらったことがあったが、その時、血圧は低く、脈は柔《やわ》らかで、若い者の脈と同じだ、これなら今後三十年の生命は大丈夫だと、串戯《じょうだん》交じりにいわれたことがあり、そしてこの血圧の低いことと脈の柔かいことから推《お》しますと、まず私は脳溢血《のういっけつ》に罹《かか》ることはないように思われます。また、ある医学博士は、先生の身体は、檜造《ひのきづく》りで、どこも何等《なんら》の異条《いじょう》がないと褒《ほ》められたこともありました。

また、私の体は創《きず》をしても、滅多《めった》に膿《うみ》を持たず癒《なお》るのが頗《すこぶ》る早いので、小さい創は何んの手当てもせず、いつもその儘《まま》に投《ほう》り放しで置きます。つまり私の体は、あまり黴菌《ばいきん》が繁殖《はんしょく》せぬ体質とみえます。すなわちバクテリアの培養基《ばいようき》としては、極めて劣等のものと想像します。そして、何んだか自分にもそのように信ずるので、流行病《はやりやまい》のある時などでも、電車中でマスクを掛《か》けたことは絶えてありません。それから私は常に鼻で呼吸をしています。電車中でも、隣の客が咳《せき》をしますと、その唾《つば》の飛沫《ひまつ》を吸い込まぬ用心のために暫時《ざんじ》、呼吸をすることを止めています。

〔六〕配偶者の過去現在

妻は昭和三年に五十五歳で病没、生まれた子供は十三人、現在、六人生存、他は病没、私には後妻はない。

〔七〕父母及祖父母の年齢と家系

父は養子で慶応元年に三十九歳で病没。

母は祖父の先妻の娘で慶応三年に三十五歳で病没。

祖父は慶応四年に七十五歳で病没。

祖母は病没。

第二（後妻）の祖母は、明治二十年に七十八歳で病没、私とは何んの血統も引いていない。家系は土佐国高岡郡佐川町《さかわ》で旧家といわれし家柄で、酒造と雑貨店とを営んでいた商家です。

〔八〕睡眠時間、起床、就床

睡眠時間は、まず通常六時間、あるいは七時間くらいで、朝は大抵《たいてい》、八時前後に床から離れます。非常によく眠り、枕を付けると、すぐ眠りに落ちます。夢は時々見ます。この頃は、夜は十二時前に就褥《しゅうじょく》したことはほとんどなく、往々午前一時、あるいは二時、あるいは三時頃、あるいは、時とすると夜の明けるまでペンを執《と》っていますが、しかし、その翌日は別になんともありません。

今日では、大抵、毎日朝から夜の更《ふ》けるまで机前《きぜん》に座《ざ》し、書生気分で勉強し、多くはわが著述に筆を持ち、あるいは植物の研究に従事し、ただ食事時に行いて食卓につくばかりです。

私は幸いに非常に根気がよく続き、一つの仕事を朝から晩まで続けても、敢て飽きが来るようなことは少しもありません。どうも何か仕事をしていないと、気の済まん性分と見えます。そして、夏でも一向に昼寝をしたことはありません。しかし、二、三年来、あまり座り通しで、大いに運動が不足しており、かつ日光浴も紫外線《しがいせん》にあたることも不十分ゆえ、これからはその辺に大いに注意すべきだと思っています。私の机は、主として日本机を用い、テーブルよりはこの方がずっと楽です。つまりこれはその人の習慣によるのでしょう。

〔九〕信仰

信仰は自然その者が、すなわち私の信仰で別に何物もありません。自然は確かに因果応報《いんがおうほう》の真理を含み、これこそ信仰の正しい標的だと深く信じています。恒《つね》に自然に対していれば私の心は決して飢《う》えることはありません。

〔十〕趣味趣向

私は生来いろいろの趣味を持っていますが、その中でも、音楽、歌謡、絵画は、もっとも興《きょう》深《ぶか》く感じます。また自然界の種々な現象、種々な生物ならびに品物についても趣味《しゅみ》を感じ、ことに火山については最も感興《かんこう》を惹《ひ》きます。けれども、他に超越《ちょうえつ》して、とくに深い趣味を感受するものは、なんといっても天性好きな、わが専門の植物そのものです。草木に対していれば、なんの憂鬱も煩悶も憤懣も、また不平もなく、いつも光風霽月で、その楽しみいうべからずです。

まことに生まれつき善《よ》いものが好きであったと、一人歓《よろこ》び勇《いさ》んでいるのです。そして、それは疑いもなく、私一生涯の幸福であると会心《かいしん》の笑みを漏《も》らしています。したがって、敢《あえ》て世を呪《のろ》わず、敢て人をば怨《うら》まず、いつも心の清々《すがすが》しい極楽天地《ごくらくてんち》に棲《す》んでいるのです。

〔十一〕養生訓、処世訓と曰ったもの

前にも述べた通り、私は体が至って健康なゆえに、別に養生訓《ようじょうくん》というものに、ついぞ注意を向け心を労したことがありません。つまり、いわゆる養生に無関心な訳で、私の体には、その養生というものに対して心配するほどな、欠陥がないからです。ゆえに畢竟《ひっきょう》敢て気に留《と》めないのです。また処世訓《しょせいくん》も同様で、私は敢て世態《せたい》に逆らわずに進退し、常にそれに順応して行くゆえに、とくにいわゆる処世訓というような題目《だいもく》に心を配って、それをとやかく論じ、理窟《りくつ》をいって見たことは一度もありません。

〔十二〕近什近詠

拙《つた》なき近詠《きんえい》を左に、

いつまでも生きて仕事にいそしまん、
　また生まれ来ぬこの世なりせば
何よりも貴とき宝もつ身には、
　富も誉れも願わざりけり

赭鞭一撻《しゃべんいったつ》

余ガ年少時代ニ抱懐《ほうかい》セシ意見

左の一篇は、私が年少時代に、わが郷里土佐高岡郡佐川町の自宅において、その当時、私の抱懐《ほうかい》していた意見を書き付けたもので、「赭鞭一撻《しゃべんいったつ》(注)」と題してあった。これは今から、六十六、七年前の明治十四、五年、私が二十歳頃に書いたものである。そして、今日これを読んでみると、私は実に感慨に堪《た》えないものがある。当時、私は飽食暖衣《ほうしょくだんい》、別に何の不自由もなかったのであったから、時来れば、必ず仰望《ぎょうぼう》の抱負を悉《ことごと》く実行して見ようと、心私《こころひそ》かに期待していたに相違ない。

春風秋雨《しゅんぷうしゅうう》半世紀以上を閲《へ》た今日において、これを閲《けみ》して見ると、その中で、なんぼも実績が挙《あ》がっていないのに、一驚《いっきょう》を喫《きっ》する。今日これを回想すれば、爾来有為《じらいゆうい》の活動時代に、私

【赭鞭一撻】赭鞭《しゃべん》とは、古代中国の医療と農耕の神である神農《しんのう》が手にしてた赤い鞭《むち》のこと。「撻《たつ》」は「鞭をうつ」の意。鞭で百草を打ち、その汁をなめ、薬効を確かめたという。日本では、本草家のことを「赭鞭家」と称した。

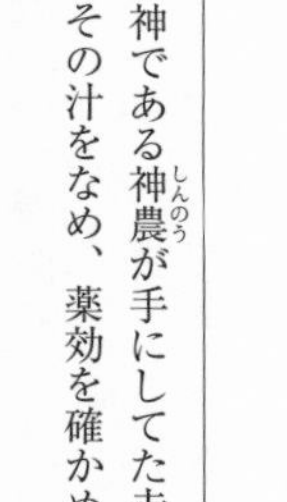

は何をして過ごして来たのか。私はただいつとはなしに、夢のごとく今日まで来たような感じがする。

私が招《まね》きに応じ、民間から入って東京大学の理科大学に奉職《ほうしょく》したのは、指折《ゆびお》り数えて見ると、実に、いまから五十四年前の明治二十六年一月であったが、月給わずか十五円、その時分から貧乏をし始めて、思うことが十分にできなかった。

徒《いたず》らに歳月矢のごとく逝《ゆ》きて、いまは、まったくの白頭《はくとう》になったが、その間、何一つでかしたこともないので、この年少時代に書いた満々たる希望に対して、転《うた》た忸怩《じくじ》たらざるを得えない。

いま左に、わざとその「赭鞭一撻《しゃべんいったつ》」の一字一句も改竄《かいざん》せずに、極めて拙文《せつぶん》のまま、その全篇《ぜんぺん》を掲げて、読者諸君の一粲《いっさん》に供《そな》えてみよう［「粲」は清白の意、「白い歯を見せて笑う」こと。「ご笑納下さい」の意］。

私は上に述べたように、いまは何んにも出来ていないが、それでも一度は、このような希望に燃えていた少年であったことを思い遣《や》って下さい。

赭鞭一撻《しゃべんいったつ》　結網子《けつもうし》　稿

○忍耐《にんたい》ヲ要《よう》ス

堅忍不撓ノ心ハ諸事ヲ為スモノノ決シテ欠クベカラザル者ニシテ繁密錯雑ナル我植学ニ在テモ資ヲ此ニ取ラザルハ一トシテ之ナキナリ故ヲ以テ阻心ヲ去テ耐心ヲ存スルモノハ其功ヲ就《な》ス易々タルナリ

[何事においてもそうですが、植物の詳細は、ちょっと見で分かるようなものではありません。行き詰まっても、耐え忍んで研究を続けなさい]

○精密《せいみつ》ヲ要《よう》ス

周密詳細モ亦決シテ失フ可ザルモノニシテ之ニ忍耐ヲ添加シテ其功正ニ顕著ナリ精細之ヲ別テ両トナス心ト事ト是ナリ解剖試験比較記載ヨリ以テ凡百ノコトニ至テ皆一トシテ此心ノ精ヲ要セザルナク又事ノ精ヲ要セザルナシ故ヲ以テ此心ヲシテ恒《つね》ニ放逸散離セシメザレバ一睹《いっと》スル者此ニ瞭然一閲スル者此ニ粲然

[観察にしても、実践にしても、比較にしても、記載文作成にしても、不明な点、不明瞭な点が有るのをそのままにしてはいけません。いい加減で済ますことがないように、とことんまで精密を心がけ

ましょう〕

○草木《くさき》ノ博覧《はくらん》ヲ要《よう》ス

博覧セザレバ一方ニ偏辟ス一方ニ偏在スレバ遂ニ重要ノ点ヲ決スル能ハズ要点ヲ発見スル無キハ是レ此学ノ病ニシテ其病タル博覧セザルニ座スルモノナリ

〔材料（草木）を多量に観察しましょう。そうしないで少しの材料で済まそうとすれば、知識も偏《かたよ》り、不十分な成果しか上げられないでしょう〕

○書籍《しょせき》ノ博覧《はくらん》ヲ要《よう》ス

書籍ハ植物記載〔所載ノ意ナリ〕ノ書ニシテ仮令《たと》ヒ鶏肋ノ観ヲ為スモノト雖ドモ悉ク之ヲ渉猟閲読スルヲ要ス故ニ植学ヲ以テ鳴ラント欲スルモノハ財ヲ吝《おし》ム者ノ能ク為ス所ニアラザルナリ

〔書籍は古今東西の学者の研究の結実です。出来得る限り多くの書を読み、自分自身の血とし肉とし、

それを土台に研究しましょう〕

○植学《しょくがく》ニ関係スル学科ハ皆《みなまな》学ブヲ要《よう》ス

曰ク物理学曰ク化学曰ク動物学曰ク地理学曰ク天文学曰ク解剖学曰ク農学曰ク画学是皆関係ヲ植物学ニ有ス数学文章学ハ更ニ論ヲ俟《また》ザルナリ

〔植物の学問をする場合、物理学や化学、動物学、地理学、農学、画学（植物画を描く場合）、文章学（植物を文章で表現する記載文）など、ほかの関係分野の学問も研究しましょう〕

○洋書《ようしょ》ヲ講《こう》ズルヲ要《よう》ス

其堂ニ造ラント欲シ其胾《ししむら》ヲ啖《くら》ハント欲スル者ハ当《まさ》ニ洋籍ヲ不講ニ置ク可カラザルナリ是レ洋籍ノ結構所説ハ精詳微密ニシテ遠ク和漢ノ書ニ絶聳スレバナリ雖《しかりといえども》然是レ今時ニ在テ之ヲ称スルノミ永久百世ノ論トスルニ足ラザルナリ

〔植物の学問は日本人や中国人のそれよりも、西洋人の学問が遥かに進んでいるので、洋書を読みましょう。ただし、それは現在の時点においてそうであって、永久にそうではありません。やがては我々東洋人の植物学が追い越すでしょう」

○当《まさ》ニ画図《がず》ヲ引《ひ》クヲ学《まな》ブベシ

文ノミニテハ未ダ以テ其状ヲ模シ尽スコト能ハズ此ニ於テカ図画ナル者アリテ一目能ク其微妙精好ノ処ヲ悉《つく》ス故ニ画図ノ此学ニ必要ヤ尤《もっとも》大ナリ然而《しかりしこうして》植物学者自ラ図ヲ製スル能ハザル者ハ毎《つね》ニ他人ヲ倩《やとう》テ之ヲ図セシメザルヲ得ズ是レ大ニ易シトスル所ニ非ザルナリ既ニ自ラ製図スルコト能ハズ且加フルニ不文ヲ以テスレバ如何シテ其蘊《うん》ヲ発スルコトヲ得ルヤ決シテ能クセザルナリ自ラ之ヲ製スルモノニ在テハ一木ヲ得ル此ニ摹《も》シ一草ヲ得ル此ニ写シ更ニ他人ノ労ヲ仮ラズ且加ルニ舞文ヲ以テセバ恰《あたか》モ晶盤ニ水ヲ加フルガ如ク彰々瞭々其微ヲ闡《ひら》キ其蘊ヲ発スルハ是レ易シトスル所ナリ之ヲ自ラ製スル能ハザルモノニ比スレバ難易ノ懸絶スルヤ一目其大ナルコトヲ知ルナリ

「学問の成果を発表する際、植物の形状、生態を観察するに最も適した画図の技法を学びましょう。他人に描いて貰うのと、自分で描くとは雲泥の差です。それに加えて練られた文章の力を借りてこそ、植物について細かくはっきりと伝えられます」

○宜《よ》ク師《し》ヲ要《よう》スベシ

書籍ノミニテハ未ダ以テ我疑ヲ解クニ足ラズ解疑スルニ足ラザレバ師ニ就テ之ヲ問フノ外ニ道ナキナリ其師トスル処ハ必ズ一人ヲ指サズ我ヨリ先ニ之ヲ聴クモノバ生ル、ノ我ヨリ先後ニ論ナク皆悉ク之ヲ師トシテ可ナリ若シ年ノ我ヨリ幼ナルヲ見テ曰ク我ニシテ彼幼者ニ問フ羞ヅ可キノ至リナリト如此《かくのごとく》ニ至テハ如何シテ其疑ヲ解クヲ得ルカ其疑タル死ニ至テ尚未ダ解ケザルナリ

［植物について疑問がある場合、植物だけで答えを得ることはできません。誰か先生について、先生に聞く以外ありません。それも一人の先生じゃ駄目です。先生と仰ぐに年の上下は関係ありません。分からない事を聞く場合、年下の者に聞いては恥だと思うような事では、疑問を解くことは、死ぬまで不可能です］

○吝財者《りんざいしゃ》ハ植学者《しょくがくしゃ》タルヲ得《え》ズ

書籍ヲ購《あがな》フ財ヲ要スルナリ器械ヲ求ムル財ヲ要スルナリ苟《いやしく》モ此学ノ考証ニ備ヘ此学ヲシ

テ益《ますます》明ナラシムル所以ノモノハ皆一トシテ財ヲ要セザルナシ財ヲ投ゼザレバ書籍器械等一切求ムル所ナシ故ニ曰ク財ヲ吝《おし》ム者ハ植学者タルヲ得ズト

［以上述べたように、絶対に必要な書籍を買うにも（顕微鏡のような）機械を買うにもお金が要ります。けちけちしていては植物学者になれません］

○跋渉《ばっしょう》ノ労《ろう》ヲ厭《いと》フ勿《なか》レ

峻嶺岡陵ハ其攀登ニ飽カズ洋海川河ハ其渡渉ヲ厭ハズ深ク森林ニ入リ軽ク巌角ヲ攀《よ》ヂ沼沢砂場ニ逍遥シ荒原田野ニ徘徊スルハ是レ此学ニ従事スルモノ、大ニ忽《ゆるがせ》ニス可ラザル所ニシテ当ニ務テ之ヲ行フベキナリ其之ヲ為ス所以ハ則チ新花ヲ発見シ土産ヲ知リ植物固有ノ性ト其如何ノ処ニ生ズルカヲ知ルニ足レバナリ

［植物を探して山に登り、森林に分け入り、川を渡り沼に入り、原野を歩き廻りしてこそ新種を発見でき、その土地にしかない植物を得、植物固有の生態を知ることができます。しんどい事を避けては駄目です］

○植物園ヲ有《ゆう》スルヲ要《よう》ス

遠地ノ産ヲ致シ稀有ノ草木ヲ輸スルトキハ皆之ヲ園ニ栽《うえ》テ之ヲ験スベキナリ又賞玩ノ草木ニ至テハ随在之ヲ自生スルモノニ非ズ故ヲ以テ之ヲ園ニ培養セザルヲ得ズ又山地沼沢等ノ草木ヲ栽蒔《さいじ》シテ他日ノ考ニ備フルハ大ニ便ヲ得ル有ルナリ故ニ植物学ヲ修スルノ輩ハ其一延袤《えんぼう》ノ大小ヲ問ハズ当ニ一ノ植物園ヲ設置スルヲ以テ切要トスベシ既ニ園ヲ設クレバ則チ磁盆鋤鍬《じょしょう》ノ類ヨリシテ園ニ俟《ま》ツノ物ハ一切予置スルハ更ニ論ヲ俟ザルナリ

［自分の植物園を作りなさい。遠隔の地の珍しい植物も植えて観察しなさい。鑑賞植物も同様です。いつかは役に立つでしょう。植物園に必要な道具もそろえましょう］

○博《ひろ》ク交《こう》ヲ同志《どうし》ニ結《むす》ブ可《べ》シ

道路ノ遠近ヲ問ハズ山河ノ沮遮ヲ論ゼズ我ト志ヲ同クスルモノアレバ年齢ノ我ニ上下スルニ論ナク皆悉ク之ト交ヲ訂シ長ヲ補ヒ互ニ其有スル所ヲ交換スレバ其益タル少小ニ非ズシテ亦一方ニ偏スルノ病ヲ防グニ足リ兼テ博覧ノ君子タルコトヲ得ベシ

［植物を学ぶ人を求めて友人にしましょう。遠い近いも年令の上下も関係ない。お互いに知識を与えあうことによって、知識の偏《かたよ》りを防ぎ、広い知識を身につけられます］

○邇言《じげん》ヲ察《さっ》スルヲ要《よう》ス

農夫野人樵人漁夫婦女小児ノ言考証ニ供スベキモノ甚ダ多シ則チ名ヲ呼ビ功用ヲ称シ能毒ヲ弁ズルガ如キ皆其言フ所ヲ記シ収ムベシ他日其功ヲ見ズンバアラザルナリ故ニ邇言《じげん》取ルニ足ラズト云ガ如キニ至テハ我ノ大ニ快シトセザル所ナリ

［職業や男女、年令のいかんは植物知識に関係ありません。植物の呼び名、薬としての効用など、彼らの言うことを記録しなさい。子供や女中や農夫らの言う、ちょっとした言葉を馬鹿にしてはなりません］

○書《しょ》ヲ家《いえ》トセズシテ友《とも》トスベシ

書ハ以テ読マザル可ラズ書ヲ読マザル者ハ一モ通ズル所ナキ也雖然其説ク所必ズシモ正トスルニ足ラザルナリ正未ダ以テ知ル可ラズ誤未ダ以テ知ル可ラザルノ説ヲ信ジテ以テ悉ク

己ノ心ニ得タリト為シ独《た》ダ一ニ書ヲ是レ信ジテ之ヲ心ニ考ヘザレバ則点一ニ帰スルナク貿貿乎トシテ霧中ニ在リ遂ニ植学ヲ修ムル所以ノ旨ニ反シテ其書ノ駆役スル所トナリ其身ヲ終テ後世ニ益スルナシ是レ書ヲ以テ我ノ家屋ト為スノ弊タルノミ如此《かくのごと》クナラザル者ハ之ヲ心ニ考ヘ心ニ徴シテ書ニ参シ必シモ書ノ所説ヲ以テ正確ニシテ従フベキト為サズ反覆討尋其正ヲ得テ以テ時ニ或ハ書説ニ与シ時ニ或ハ心ニ従フ故ヲ以テ正ハ愈《いよい》ヨ正ニ誤ハ益《ますます》遠カル正ナレバ之ヲ発揚シテ著ナラシメ誤ナレバ之ヲ擯《しりぞけ》テ隠ナラシム故ニ身ヲ終ルト雖ドモ後世ニ益アリ是レ書ヲ以テ家屋ト為《せ》ズシテ書ヲ友トナスノ益ニシテ又植学ヲ修ムルノ主旨ハ則チ何ニ在ルナリ

［本は読まなければなりません。しかし、書かれている事がすべて正しい訳ではないのです。間違いもあるでしょう。書かれている事を信じてばかりいる事は、その本の中に安住して、自分の学問を延ばす可能性を失うことです。新説をたてる事も不可能になるでしょう。過去の学者のあげた成果を批判し、誤りを正してこそ、学問の未来に利するでしょう。だから、書物（とその著者）は、自分と対等の立場にある友人であると思いなさい］

○造物主《ぞうぶつしゅ》アルヲ信《しん》ズル毋《なか》レ

造物主アルヲ信ズルノ徒ハ真理ノ有ル所ヲ窺フ能ハザルモノアリ是レ其理隠テ顕レザルモノアレバ其理タル不可思議ナルモノトシ皆之ヲ神明作為ノ説ニ附会シテ敢テ其理ヲ討セザレバナリ故ニ物ノ用ヲ弁ズルコトハ外ニ明ナリト雖ドモ心常ニ壅塞《ようそく》丕閉《ひへい》シテ理内ニ暗シ如此ノ徒ハ我植学ノ域内ニ在テ大ニ恥ヅベキ者ナラズヤ是レ之ヲ強求スレバ必ズ得ルコトアルモ我ノ理ノ通ゼザル処アレバ皆之ヲ神明ノ秘蘊ニ托シテ我ノ不明不通ヲ覆掩修飾スレバナリ

［神様は存在しないと思いなさい。学問の目標である真理の探究にとって、有神論を取ることは、自然の未だ分からない事を、神の偉大なる摂理であると見て済ます事につながります。それは、真理への道をふさぐことです。自分の知識の無さを覆い隠す恥ずかしいことです］

（「高知県立牧野植物園」現代語訳を参照）

幼少期の回想

酒屋に生まる

私は戌《いぬ》の年で、今年七十九歳になるのですが、至って壮健《そうけん》で、老人メクことが非常に嫌いですので、したがって自分を翁だとか、叟だとか、または老だとか、称したことは一度もありません。回顧すると、私が土佐の国高岡郡の佐川町で生まれ、呱々《ここ》の声を揚《あ》げたのは、文久二年［一八六二年］の四月二十四日（戸籍には二十二日となっているがそれは誤り）であって、ここに初めて、娑婆《しゃば》の空気を吸いはじめたのである。

私の町には、士《さむらい》が大分《だいぶ》いたが、それは皆、佐川の統治者深尾《ふかお》家の臣下《しんか》であった。私の家は町人で、商売は雑貨（土地では雑貨店を小間物屋と云った）と酒造とであったが、後には酒造業のみを営んでいた。

私が生まれて四歳の時に父が亡くなり、六歳の時に母が亡くなった。私は幼かったから父母の顔を覚えていない。そして、私には兄弟もなく姉妹もなく、ただ私一人のみ生まれた。つまり、孤児であったわけです。

生まれた時は、大変に体が弱かったらしい。そして乳母《うば》が雇《やと》われていた。けれども、酒屋の後継《あとつ》ぎ息子であったため、私の祖母が大変に大事にして私を育てた。祖父は両親より少しく後で私の七歳の時に亡くなった。

私の店の屋号は岸屋で、町内では旧家の一つでした。そして脇差《わきざし》をさすことを免《ゆる》されていた。私の幼い時の名は誠太郎《せいたろう》であったが、後に富太郎となった。これが今日の名である。

ずっと後、私の二十六歳になった時、明治二十年に祖母が亡くなったので、私はまったくの独《ひと》りになってしまったが、しかし、店には番頭《ばんとう》がおったので、酒屋の業務には差《さ》し支《つか》えはなく、また従妹が一人いたので、これも家事を手伝い商売を続けていた。しかし、私は余り店の方の面倒《めんどう》を見ることを好まなかった。

上組の御方御免《おんかたごめん》

私の七歳くらいの時であったと思うが、私の町から四里ほど北の方の野老山《ところやま》という村で一揆《いっき》が起こった。それは異人《いじん》（西洋人）が人間の脂《あぶら》を取ると迷信して、土民《どみん》が騒《さわ》いだので、これを鎮撫《ちんぶ》するために、県庁から役人が出張し、遂にその主魁者《しゅかいしゃ》三人ほどを逮捕し、隣村の越知《おち》の今《いま》成《なり》河原で斬首《ざんしゅ》に処《しょ》したのであった。この日は、何んでも非常に寒くて雪が降っていたが、私は見物に行く人の後について、二里あまりもある同処《どうしょ》へ見に行ったことを覚えている。

また、それから少し後の年であったが、私の町から四里余りも東の方にある高岡町に親類があって、そこへ連れられて行ったことがある。この高岡の町から東南の方二里くらいも隔《へだ》たりて、新居《にい》の浜があり、私はそこへ連れて行ってもらって生まれて初めて海を見た。その浜へ打ち寄せる浪《なみ》は、かなり高く、くり返し、くり返し、その浪頭《なみがしら》が巻いて崩れ倒れる様《さま》を見て、私は浪が生きているもののように感じた。

私の町は海から四里も距《へだた》っているので、これまで一向《いっこう》に海は知らなかったのです。私の十一歳頃の時であったでしょう、私は初めて土居《どい》という師匠の寺子屋へ入門して、字を習った。しばらくするうちに、この寺子屋が廃《はい》せられたので、私はさらに伊藤という先生の寺子屋に転《てん》じ、そこで習字と読書とを教わった。

ここは士族の子弟ばかりであって、町人は私といま一人いたぎりであった。そして、士族の方が上組で、町人の方が下組であった。昼食する時の挨拶《あいさつ》が面白い。上組の士族の人々は「下組の人許してヨ」といった。これに対して、下組の町人の方では「上組の御方御免《おんかたごめん》」といった。この時分は、明治六、七年頃であって、明治元年の維新《いしん》の時を去ること、まだ僅《わず》かであったため、士族と商人とは何んとなくその区別があったのである。廃刀令《はいとうれい》が出た後ではあったけれど、士族の人はなお脇差《わきざし》をさしていたものがあった。

小学校も嫌で退学

前に述べたように、私の町には士族が多かったので、明治維新前の徳川時代に深尾家で建てた名教館《めいこうかん》という学校があって、儒学を教授していた傍《かたわ》ら算術なども教えていた。そして、士族の子弟が、皆この校へ入学していた。その教官には、一廉《ひとかど》の学者が多く、なかには有名な漢学者もいた。明治の年になって後、この学校が漢学の教授を廃《はい》し、これに換《か》うるに、主として、いわゆる文明開化の諸学科を教えるところとなり、いろいろ日進《にっしん》の学術を教授していた。その学科の中には、窮理学《きゅうりがく》（いまの物理学）、地理学、天文学、経済学、人身生理学《じんしんせいりがく》、西洋算術などがあった。私は寺子屋からこの校に移って、こんな学科を習ったのが、それが丁度《ちょうど》十一、十二歳の頃であった。そうするうちに、明治七年になって、初めて小学校ができたので、それに入学したが、それが私の十三歳の時であった。この時、私はすで小学校以上の学力を持っていた。それは上の名教館で稽古《けいこ》したからであった。

この時の小学校は、上等、下等と分かれ、各八級ずつあったから、全部で十六級であった訳だ。なんでも、これを四年で卒業する仕組みになっていたようだが、私は下等一級を卒《お》った時、小学校が嫌になって自分で退校してしまった。

私のまだ在学している時、文部省で発行になった『博物図』が、四枚学校へ来たので、私は非常に喜んでこれを学んだ。それは、私は植物が好きであるので、この図を見ることが非常に面白かった。そして、図中にある種々の植物を覚えた。図は皆《みな》、着色画《ちゃくしょくず》で、その第一面が植物学的の事柄《ことがら》で、葉形やら根やら花やらなどのことが出て、その第二面には、種々の果実ならびに瓜《うり》の類《たぐい》が出ており、その第三面には、穀類《こくるい》、豆類《とうるい》、根塊類《こんかいるい》が出て、その第四面には、野菜の類、海藻類《かいそうるい》、菌類《きんるい》が出ていた。

『本草綱目啓蒙《ほんぞうこうもくけいもう》』に学ぶ

小学校におった時も、また同校を止《や》めた後も、前に書いたように、元来植物が好きであったため、絶《た》えず、それを楽しみにその名称を覚えることに苦心したが、何分にも郷里にこれを教えてもらう人がなかったので甚《はなは》だ困った。それでも実地に研究して、いろいろとその名を知ることに努《つと》めたが、その時分私の町に西村尚貞という医者があって、その宅に小野蘭山《おのらんざん》の著《あら》わした『本草綱目啓蒙《ほんぞうこうもくけいもう》』の写本が数冊あったので、大いに喜び借り来《きた》って、それを写して見たが、写すに時間がとれ、かつそれが端本《はほん》であったため、遂にその書の版本《はんぽん》を買うことを思い立ち、町の文房具屋の主人に依頼して、これを大阪あたりから取り寄せてもらった。しばらくしてその書が到着したので、鬼の首でも取ったように喜び、日夜、その書を繙《ひもと》いて、これを翫読《がんどく》し、自得《じとく》して、種々の植物を覚えた。それがために大分植物の知識ができた。

しかし、まったく自修《じしゅう》であるから、その間にいろいろの苦心もあった。実物を採《と》って本と引き合わせ、本を読んでは実物と照《て》り合《あ》わせ、そんなことが積もり積もりして、知識が大分《だいぶ》殖《ふ》えてきた。隣に越知《おち》（いまは越知町）という村があって、そこに有名な横倉山《よこくらやま》というのがあり、森林の鬱葱《うっそう》たる山で、したがって珍しい植物が多いので、度々登《たびたびのぼ》って採集した。これは、私には大変に思い出の深い山です。

この時分に、ある時、名の知れぬ一つの水草を採《と》って来て、水に浮かしておいたら、田舎《いなか》から来ていた下女《げじょ》がこれを見て「これは『ビルムシロ』というものだ」と教えてくれた。そこで、この時分に買って持って居《お》った『救荒本草《きゅこうほんぞう》』という書物に、それに似た草が出ていて「眼子菜」とあったので、これと引き合せて、その「ビルムシロ」が「眼子菜」であることを知った。

またある時、ある草を採って来たら、それが「ムカゴニンジン」であるということが分かり、またある草が「フタリシズカ」であるということも分かって嬉しかった。またある時に、町の上の山に行き、そこに咲いているある草を見、その夜、燈下《とうか》で彼の『本草綱目啓蒙』を読んでいたら、「東風菜シラヤマギク」というのが出ていた。どうもその形状が、右の山で見た草と同じようだから、その翌日、再び同処《どうしょ》からその草を採って来て引き合せたら、ピッタリ合っていたので、初めて、それが「シラヤマギク」であったことが分かった。

いろいろなことを天然の教場《きょうじょう》で、実地に繰り返しているうちに、だんだんと種々な植物を覚えてきたのであった。

人は能《よ》く（この頃、ヨクという場合に能《よ》く「良」の字を書いて平気でいるが、ヨクは何《ど》んな場合も「良」の字でよいという訳のものではないくらいのことは、筆を持つ人は心得ていなければ、人に笑われても怒る資格はない）希望に満ちた新年だという。ボクだってそうじゃないノ。希望のない人間は、動いていても死んでいらア。そんなら君の希望はどんなものかと聴かれたら、まずザット次のようなものだと答えるネ。しかし、これはボクの希望の九牛《きゅうぎゅう》の一毛《いちもう》であることだけは承知してもらいたい。どうも牧野もボツボツ「松沢もの(注)」になりかけて来たようだ。

わが希望を放言する

火山を半分に縦割《たてわ》りにして見たい

私は去《さ》る昭和十二年一月に、次のような文章を当時の「科学知識」で発表した。これは、私がかの「葦原《あしわら》将軍(注)」の二代目になるため、「松沢」へ行こうというのではなく、まったく正気の沙汰《さた》で、筆を執《と》ったのである。そして、今日でも敢《あえ》てこの希望は捨てていなく、もしも万一〇《レコ》が千万イ円も懐《ふところ》に入って来たことが夢ではなくて、本当にあったなら、早速《さっそく》その仕事に取りかかる段取《だんど》りになるのだが、どうも、この福の神ゴ入来《じゅらい》は、少々当てにゃならんらしいから、まずここは、一場《いちじょう》のオ話しに止《と》めておくより外《ほか》、致方《いたしかた》はあるまい。

千万長者《せんまんちょうじゃ》に生まれなかったばっかりに、サテも残念至極《ざんねんしごく》なことだ。苟《いやしく》も、名を後世《こうせい》に垂《た》れんとするには、このくらいデッカイことをしでかさんとモノにゃならん、そこに来ると、秦《しん》の始皇《しこう》はまったくエライよ、万里《ばんり》の長城《ちょうじょう》は、始皇の名とともに不朽《ふきゅう》ではないか、また、ピラ

【松沢もの・葦原将軍】 葦原将軍は、明治後半から昭和にかけての皇位僭称者・葦原金次郎のこと。葦原将軍、葦原天皇とも。明治15年（一八八二）に明治天皇への直訴未遂事件を起こし、東京府癲狂院（後の「府立松沢病院」）に入院した。

ミッドもこの類《たぐい》ネ。

私は一つの火山を縦に半分に割って、その半分の岩塊《がんかい》を、全部、取り除《の》けてみたい。つまり、山を半分にするのだ。これを実行するには、大きな山はとても手におえずアキマヘンから、なるべく小さい孤立した山を選びたい。それには、かの伊豆の小室山《こむろやま》が、ちょうど持って来いだ、これならなし遂《と》ぐべき可能性が十分にある、そして、それが休火山《きゅうかざん》と来ているのだから、願《ねご》うてもない幸いだ。

さていよいよ、その山が半分になったと仮定して見たまえ、すなわちそれが、元は火山であるのだから、これを縦に割ったら忽《たちま》ち、その山の成り立ちやら組織やらまた年代やらが判明し、そこで火山学や岩石学、地質学などに対し、どれほど無類飛切《むるいとびき》りな、好研究資料を提供するか知れない。

かの有名なジャヴァのクラカトアの火山が、半分、ケシ飛んでいるが、マアそんなものになる訳だ。クラカトアの方は、強烈な天然の爆発力でアノ様《よう》になったのだが、われはそれを人間業《わざ》で行こうというのだ。まだ今日まで世界広しといえども、こんなことをしたのはどこにもなかろう。それを学術のために、日本人がしでかそうというのは、褒《ほ》めた話であるといってよい。日本は戦争にも負けたが、それでもなかなか馬鹿《ばか》にならん大きな考えを持っている人があると、当世の人々は、キット瞠目《どうもく》するのであろう。

富士山の美容を整える

その希望の一つは何んであるかというと、富士山の姿をもっと佳《よ》くすることだ。富士山を眺めると、誰れでも眼につくが、東の横に一つの瘤《こぶ》があるだろう、あれはすなわち宝永山《ほうえいざん》だ。人の顔にコブがあって醜《みにく》いと同じことで、富士にもコブがあっては見っともよくない。元来、あのコブの宝永山は、昔はなかったものだが、いまから二百三十年前の宝永四年［一七〇七］に、アンナことになっちゃった。考えてみると、そのコブのできる前は、もっと富士の姿が佳《よ》かったに違いないが、不幸にしてあんなものができたから悪くなった。

そこで私は、富士山の容姿《ようし》をもと通りに佳くするために、アノ宝永山を取《と》り除《のぞ》いてやりたいと思う。それは訳のないことで、もともと富士の側面の石礫岩塊《せきれきがんかい》が、爆発のために、下の方に噴《ふ》かれ、飛んで、それが積もって宝永山のコブと成り、これと反対に、その爆発口は窪《くぼ》んで大穴となっているから、その宝永山を成している石礫岩塊を、もと通りにその窪《くぼ》みの穴に搔《か》き入れたらそれで宜《よろ》しいのだ。

そうすると、跡方《あとかた》もなくコブもなくなり、同時にその窪《くぼ》みもなくなって、富士の姿が端然《たんぜん》と佳《よ》くなるのである。姿の佳いのは、姿の悪いのよりは、よいくらいのことは誰れでも知っているでしょう。そうなりゃどんな人でも、私のこの企《くわだ》てに異議はなく、皆々、原案賛成とくるでしょう。

近頃は美容術が盛んで、方々に美容院ができ、女ばかりでなく、ずい分男の人までも、そこへ出入する時世だから、富士の山へも流行の美容術を施《ほどこ》してやる思い遣《や》りがあってもしかるべきだ。そして、世人をアットいわせるのも面白いじゃないかね。やるならこのくらいのことをやって見せぬと、大向こうがヤンヤと囃《はや》してハシャガナイ。右はとてもイイ案でしょう。

ところが、いよいよそれをやるとなると○《レコ》［金銭の隠語］がいる。もしも、私が三井、岩崎の富を持っていたら、それを実現させてみせるけれど、悲しい哉《かな》、命なる哉、私はルンペン同様な素寒貧《すかんぴん》であれば、どうも、いくらとつおいつ考えて見ても、とても一生のうちに、それを実行することは思いも寄らない。仕方がないから、この良策《りょうさく》は、後の世の太《ふと》っ腹《ぱら》な人に譲るとしよう。

もう一度大地震に逢《あ》いたい

次の希望、これは甚《はなは》だ物騒《ぶっそう》な話であるが、私はもう一度、彼の大正十二年九月一日にあったような、この前の大地震に出逢《であ》って見たいと祈っている。

この地震の時は、私は東京渋谷のわが家にいて、その揺っている間は、八畳座敷《はちじょうざしき》の中央で（この日は暑かったので猿股《さるまた》一つの裸になって植物の標品を覧《み》ていた）どんな具合に揺れるか知らんと、それを味わいつつ座っていて、ただ、その仕舞際《しまいぎわ》にチョット庭に出たら、地震がすんだので、どうも呆気《あっけ》ない気がした。

その震《ふる》い方を味わいつつあった時、家のギシギシ動く騒がしさに気を取られ、それを見ていたので、体に感じた肝腎要《かんじんかなめ》の揺れ方が、どうもいまはっきり記憶していない。何をいえ、地が四五寸もの間、左右に急激に揺れたから、その揺れ方を確《しっ》かと覚えていなければならんはずだのに、それを左《さ》ほど覚えていないのが、とても残念でたまらない。

それゆえ、もう一度アンナ地震に逢《あ》って、その揺れ加減を体験して見たいと思っているが、これはことによると、わが一生のうちにまた出逢《であ》わないとも限らないから、そう失望したもんでもあるまい。今頃は相模洋《さがみなだ》の海底で、ポツポツその用意に取り掛《かか》っているのであろう。

富士山の大爆発

また、富士山へもどるが、私はこの富士山がどうか一つ大爆発をやってくれないかと期待している次第だ。

誰れもが知ってるように、富士山は火山であって、有史以前は、時々爆発したことがあった訳だが、有史後は、それがたまにあったくらいだ。今日では一向に静まり返って、ウンともスンとも音がしないが、元来が火山であってみれば、いつ持ち前のカンシャクが突発しないと、誰れがそれを請《う》け合えよう。しかし、少しくらいのドドンでは興《きょう》が薄いが、それが大爆発と来て、多量の熔岩《ようがん》を山一面に流すとなれば、それはそれはとても壮観至極《そうかんしごく》なものであろう。もし夜中に遠近《おちこち》からこれを望《のぞ》めば、その山全体に流れる熔岩のため、闇に紅の富士山を浮き出させ、たちまち壮絶の奇景《きけい》を現出《げんしゅつ》するのであろう。

そこが見ものだ、それが見たいのだ、山下の民に被害のない程度で、上のような大爆発をやってくれぬものかと、私は窃《ひそか》にそれを希望し、さくや姫〔木花咲耶姫《コノハナサクヤヒメ》〕にも祈願し、一生のうちに一度でもよいから、それが見えれば、私の往生《おうじょう》は、疑いもなく安楽至極《あんらくしごく》で冥土《めいど》の旅路も何んの障《さわ》りもないであろう。

日比谷公園全体を温室に

東京の日比谷公園全体を一大温室にして、なかに熱帯地方のパーム類、タコノキ類、羊歯《しだ》類、蘭類《らんるい》、サボテン類など初めとして、種々な草木を栽《う》え込んで、内部を熱帯地に擬《な》ぞらえ、なかでバナナも稔《みの》れば、パインアップルも稔り、マンゴー、パパ〔イ〕ヤ、茘枝《れいし》、竜眼《りゅうがん》など無論《むろん》のこと、コーヒー、丁字《ちょうじ》、胡椒《こしょう》、カカオなどの植物も盛んに繁茂《はんも》して、花が咲き、実が稔り、その他、花の美麗《びれい》な、また葉の美観な観賞草木を室内に充満するほど栽え渡し、その植物間を自由に往来ができるように路《みち》を通し、また大なる池を造《つく》り、彼の有名な大玉蓮《おおだまはす》、すなわち、ヴィクトリア、洋睡蓮《ようすいれん》、パピルスなどを養《やしな》いて、景致《けいち》を添《そ》える。

処々《ところどころ》に、コーヒー店、休憩所《きゅうけいじょ》、遊戯場などを設備し、また、宴会場、集会所、演奏場など、その他、万般《ばんぱん》の設備を遺憾《いかん》なく整え、なかへ這入《はい》れば、わが身はまるで熱帯地にいる気分を持つようにする。また動物は、美麗《びれい》な鳥、金魚のような魚、珍奇《ちんき》な爬虫類《はちゅうるい》などを入れてもよいと思うが、動物は汚い臭い糞《ふん》をひり出すので、その辺の注意が肝要《かんよう》である。

なにをいえ、わが帝都《ていと》の真ん中へ、類のない一つの別世界を拵《す》えることであれば、これは、確かに東洋、とくに、わが日本の誇りの一つにもなろう。私は東京市が思い切ってこのような大々的規模のものを作らんことを希望するが、小っぽけな予算でさえ、頭を悩ましている現代では、とても右のような計画は思いも寄らないことで、マー当分は問題にならんならん。

牧野富太郎縦横談

緑蔭鼎談《りょくいんていだん》

昭和二十三年八月一日、東京都文京区音羽町三丁目十九番地、光文社発行の雑誌「光《ひかり》」第四巻第七八号に「緑蔭鼎談《りょくいんていだん》」と題し、伊豆熱海の緑風閣で催《もよう》された長谷川如是閑《はせがわにょぜかん》(注)、志賀直哉《しがなおや》(注)並《ならび》に天野貞祐《あまのていゆう》(注)三君の座談会記事が掲げてあった。そして、その中に「牧野富太郎縦横談」という次の一項《いっこう》があったのを見つけたので、すなわちここにそれを転載した。

長谷川　東京大学の先生など、どうだったですかね、これは講師だからちょっとちがうんだが牧野富太郎氏なんか変わってるね。

志賀　牧野という人は、ずいぶんの年ですね。

長谷川　八十九か九十かですね。このあいだ八十歳以上の人の写真を「アサヒ・グラフ」で

【長谷川如是閑・志賀直哉・天野貞祐】 長谷川如是閑は、大正から昭和初期における新聞記者、ジャーナリスト、自由主義的な論陣を張った。志賀直哉は、白樺派を代表する小説家、「小説の神様」と称された。天野貞祐は、哲学者、教育者、カントの翻訳で著名な他、獨協大学の初代学長を務めた。

出したとき、その説明に学士院会員と書いてあった。むろん本人はそうじゃないんです。そうしたら、わたしのところへハガキをよこして、学士院会員なんてべらぼうなものには頼まれてもならんといって、大いにふんがいしてきた。
志賀　あの人の文章はおもしろいですね。
長谷川　明治以来、変わらない。
志賀　このあいだ『植物図鑑』の序文を見ていたら、どういう文句か前後は忘れたが、どうとかしてごろうじろなんて――。（笑声）
長谷川　土佐言葉だ。
志賀　ごろうじろなんて、久しく聞かない言葉だ。
長谷川　あの人のからだは不死身ですね。まだ夜の二時ごろまで原稿を書いている。
志賀　渋谷あたりに待合を開いたそうだね、あの人が。
長谷川　細君ですよ。
志賀　大学の先生でちょっと困るといって反対したら、食えないから仕方がない、といったという話がある。
長谷川　ある東京大学の教授とさいきん一緒に汽車で帰ったとき、その話をしていましたよ。奥さんが開いたはいいとして、その奥さんが学生を勧誘して連れて行くという。（笑声）
天野　植物学的なんでしょうね。徹底していますね。

志賀　『植物図鑑』という字引みたいな本、あれはなかなかいいですね。三色版で変な機械的なよくある図でなしに、みな真物《ほんもの》をうつしたんですからね。

長谷川　それも、何でもみな自分で書かないと承知しない。ところが、こんど出す『植物図鑑』は、もう高齢なので、いままでのように自分でやらない。画家のいいのが見つかったとかいうことでしたが。

天野　そういうことをやるために、片方で待合もやらなければならんのでしょう。（笑声）とにかく、こういう人は、差支えないかぎり寛大にして、仕事をやってもらった方がいいですね。

座談会を弁明する

右座談会での私に関する事柄は、これで終わっているが、しかし、いまここに聊《いささ》か、私が弁《べん》明《めい》しておかねばならんことがある。それは外でもないが、この待合《まちあい》は、私自身が開業したものではなく、これは長谷川君のいわれた通り、私の妻がやったことであって、その店は私とは世帯が別になっていた。ゆえに、私は待合の家には住まっていなかった。そして、この事件は、もちろん、今日のことではなくて、もはやいまから二十七年も前の大正十年頃の出来事である。

私の妻がこともあろうに、何故《なにゆえ》こんな恥《はじ》も外聞《がいぶん》も構《かま》わぬ、大それた芸当をしたのかというと、それは当時、私一家が貧乏のどん底に陥《おちい》っていたので、早く金を得て焦眉《しょうび》の急を救い、わが家の経済を立て直さんとするのが唯一の目的であって、それには待合が一番早く金を得るのに都合がよいとのことでこれを選んだわけだ。

そして、妻は素人ながらも、待合業を経営するぐらいな天才的手腕は持ち合わせていた。ゆえに何の臆《おく》するところなく、大胆にその業をはじめ、渋谷花柳界《かりゅうかい》での荒木山に妻の姓〔別姓〕である「今村」の看板を掲げたのであったが、その後、ゆえあって廃業して仕舞《しま》い、一場《いちじょう》の昔譚《むかしばなし》を今日に残したその妻も、いまは疾《と》く亡き人の数に入った。

右待合を開いた時、私の窮状《きゅうじょう》に非常に同情して下さったのは、人情味豊かな大学理学部長の五島清太郎博士であった。なおかつ当時同大学のその他の人々も、敢て私のことを問題にしていなかった。ゆえに私の身辺は無事であって、何等《なんら》の心配もするには及ばなかった。

まさかさすすき

これは別の話だが、私が大学にいるうち、私をよく理解してくれられし学長は、右の五島博士と箕作《みつくり》佳吉《かきち》博士とであった。この両先生に対しては、いまでも忘れず絶えず感謝の念を捧げている。私は曾《かつ》て、カヤツリグサ科の一新種であった「マツカサススキ」を、世界的学名の Scirpus Mitsukurianus Makino と命名して発表し、すなわち箕作先生へデジケート〔献呈〕し、そして、先生の名を永久に記念することにして、いつかは先生の墓畔《ぼはん》へ水瓶《みずがめ》を埋めて、このマッカサススキを植え、先生の霊を慰めんと思いつつ、なおいまにはたさずにいる。その時の用意として、いま私の庭には、それが栽《う》えてあって毎年よく花穂《かすい》を出している。

土屋文明君の詠歌

ジャガイモを馬鈴薯《ばれいしょ》とかく世をいきどおり
　　長生きしたもう君は尊し

「牧野富太郎先生を迎えて」より

武蔵野原中なる清瀬病院内、清風会発行の「指向」第十八号五月号（昭和二十三年五月三十日発行）誌上に登載《とうさい》しある「牧野富太郎先生を迎えて」の、清風会文化部、永江梅子、松本美保子、渡辺友次、沢田栄一四氏の編集記事は次の通りである。

花は黙《だま》っています。それだのに、花は何故《なぜ》あんなに綺麗《きれい》なのでしょう。何故《なにゆえ》あんなにも快《こころよ》く匂《にお》っているのでしょう。思いつかれた夕など、窓辺《まどべ》に薫《かお》る一輪《いちりん》の百合《ゆり》の花を、じっと抱きしめてやりたい様《よう》な思いにかられても、百合の花は黙《だま》っています。そして、一寸《すこし》も変らぬ清楚《せいそ》な姿で、ただじっと匂《にお》っているのです。

『植物記』の中にうかがわれるこの言葉、植物への限りない愛情——小学校中退後、貧《ひん》苦《く》と戦いながらも、独学で植物分類の世界的権威となり、八十七歳の今日猶《なお》日夜研究にいそしまれる老科学者牧野富太郎先生、われわれは四月十八日、当地の植物採集会に臨《のぞ》まれた先生からいろいろのお話を聴く機会を得たのである。

此《こ》の日、壇上《だんじょう》にのぼられた先生は、杖《つえ》がわりの粗末《そまつ》な竹竿《たけざお》を、無雑作《むぞうさ》に壁《かべ》にたてかけ、椅子《いす》に腰かけて右手を耳のうしろへ、一語一語、自身の言葉を確めるように話される。

牧野「ヤマブキは『山吹』と書きますが、万葉集では『山振』と書いてあります。これはヤマブキが、山の麓《ふもと》などにたくさん咲いていて、風に揺《ゆら》ぐのを見てこう書いたのではないかと思います。支那《しな》では、棣棠（テイトウ）と書きますが、花は八重《やえ》で、もとは日本から

やまぶき

渡ったものかと思います。山吹の種類には、一重、八重白花、菊花、斑入《ふい》りのものがありまして、この中《うち》、白花は、奈良公園に咲いていたのを貰《もら》い来り、菊咲《きくざき》は、本郷の弥生町に咲いて居《お》ったのを見つけ、いま私の家に植えてあります。

山吹に似たものでは、同じイバラ科の白山吹、ケシ科の山吹草等があります、かの太田《おおた》道灌《どうかん》と山吹の里の少女の物語に『七重八重花は咲けども山吹の実の一つだになきぞかなしき』という和歌があります。

ところで、これは一重と八重のどちらを歌ったものでしょうか。八重の山吹にはたしかに実ができません。それでこれは八重のものだと考えられます。一方、一重には小さな実が出来ますが、この実は非常に小さく、素人では、なかなかわかりにくいものです、故《ゆえ》に山吹には実がないといいます。それでこの一重の山吹の繁《しげ》く咲き重ったのを、七重八重《ななえやえ》という風に形容したと考えることもできるわけです。

さて、私は八十七歳の今日まで、元気に植物の研究をつづけて参りましたが、植物に親しきことは非常にええもんです（先生しきりにこの『ええもんです』をつかわれる）。これには、芝居や映画を見るのと違い、一銭《いっせん》もかけずに楽しむことができます。また、私が今日このように元気なのも、植物に親しみ採集などによく山野を歩いたためではないかと思います。

植物に親しむことの第一は、先《ま》ず名前を正確に覚えるようにすることです。従来、アジサイを『紫陽花』とかき、カキツバタを『燕子花』とかく人がありますが、これらはジャガイモを『馬鈴薯』とかくのと同じく、皆《みな》、誤《あやま》りです。聞けば、病院では俳句や和歌が非常に盛んだそうですが、植物と文学との関係はまことに深いものです。どうかこれを機会に植物への関心を深められ、植物を病養《びょうよう》の慰《なぐさ》めとして一日も早く恢復《かいふく》されんことを祈ります」

ここでお話を終り先生を囲んで質問に移る。

患者A「先生この病院のまわりにはどのくらい植物の種類がありますか」
牧野「さあ、五百種くらいですかな」
患者B「このくらいなら病院中の植物をみんなとってきて教えていただき、名札でもくっつけるようにすればよかったなあ」
慰安室の畳の上にベタッと坐られた先生は、今日の採集植物の中から一本一本手にとって説明して下さる。
牧野「これが『翁草』（オキナグサ）」
患者C「どうして『翁草』と云いますか」
先生耳が遠くて聞えないので、お嬢さんが通訳にあたられる。大きな声で「お父様、こ

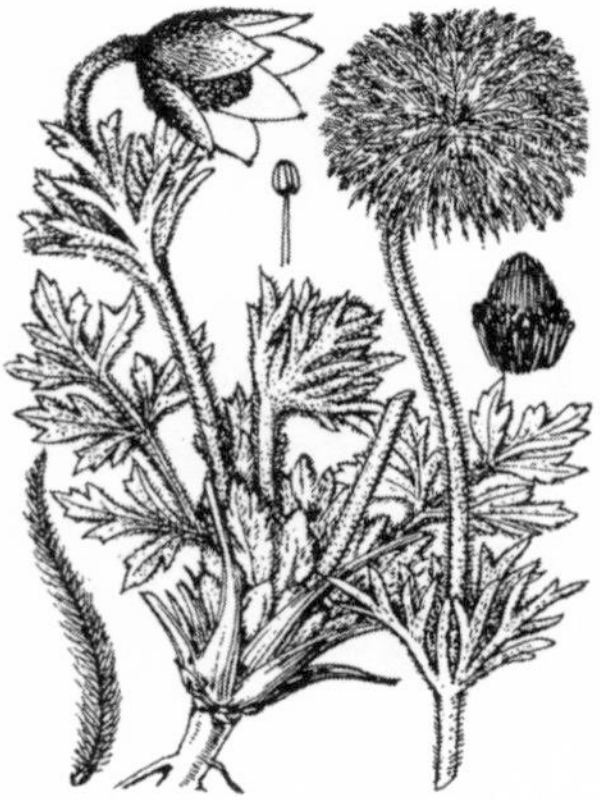

おきなぐさ

の草はどうして『翁草』というのですかって」、先生耳に手をかざして聞いて居《お》られたが、ようやくわかったらしくニコリとして、

牧野「ああ、それはこの花がすんで実が成熟すると、私の髪の毛のように真白くなるんで」と白髪を引っ張って笑われる。一同笑声。

牧野「一本槍《いっぽんやり》なんだが、名前は『千本槍《せんぼんやり》』」

牧野「これは『サルトリイバラ』、とげに猿が引かかります。根は『山帰来《さんきらい》』という漢方薬ですが、併《し》かし、本当の『サンキライ』ではありません。これが誰でも知っている『ナズナ』（ペンペン草）、この実が三味線《しゃみせん》のバチに似ているでしょう。『覚えていやがれ、そんなことをすりゃあ、手前んとこの屋根にペンペン草を生やしてやるぞ』と、江戸ッ子は啖呵《たんか》を切るもんですが、実はペンペン草が屋根に生えることは殆《ほとん》どないのです。私ならばそんな時『何をペンペン草が屋根に生えるもんなら生やして見ろ！』とやりかえしますがね」

先生の意気はなかなか盛んだ。

牧野「『サワフタギ』、これは沢の上に覆《おお》いかぶさるように茂《しげ》るので『サワフタギ』。

『ジュウニヒトエ』、花が重っているので官女の十二単《じゅうにひとえ》に例《たと》えたもんです。

『イチヤク草』、昔から薬として此《こ》の一つの草があれば、何にでも効くと考えたものです、故《ゆえ》に『一薬草』です。

『ハバマヤボクチ』、葉裏の毛を火口《ほくち》につかったものです」

其《そ》の他、小楢《こなら》、クサボケ（シドミ）、ツリガネ草、スズメノヤリ、フデリンドウ、ニオイツボスミレ、ツボミスミレ、カガリビ草（クチナシ草）、タチフウロ、ミツバチグリ、キジムシロ、ウド、オミナエシ、カンゾウ等。

先生の博識《はくしき》はつきるところを知らない。時間もすでに四時近く、先生の御都合もあるので会を閉じる。先生は一杯の茶を喫《きっ》せられつつ、われわれの「指向」を御覧になり、文化活動の盛んなことを、非常に喜ばれてお帰りになる。植物に熱心な患者Dさん、外に出られた先生をつかまえて、玄関わきの『ドウダンツツジ』について質問する。

患者D「先生『ドウダンツツジ』の語原は何ですか」

牧野「これ、このように枝の先が三ツ叉《また》に分れているでしょう。これを逆にすると、昔使ったむすび燈台《とうだい》の三つの脚《あし》の恰好になるんです。それで『燈台ツツジ』といったものがいつか『ドウダンツツジ』にかわったのです」

先生はつと手をのばして、このツツジの小枝を実に器用にむしられる。その手先は荒れて黒いが、この手にまで植物の香がしみついているような感じになり、改めてこの老科学者の手を見つめる。先生は来年八十八の米寿を迎えられるが、お弟子さん達に私は八十八なんていうはんぱな数で祝って貰《もら》うのはいやだ、せめて九十になってからやって貰いたいといわれたそうで、食事なども肉を百匁《ひゃくもんめ》くらい一度に召上《めしあが》るし、夜は二時三時まで研究をつづけられることもあるという。

「植物を愛することは、私にとって一つの宗教である」とまでいわれたあの牧野先生の温《おん》顔《がん》は、一つの仕事にすべてを捧げぬいた人間の完成した姿として、われわれの胸に深くきざみつけられたのであった。

海を渡る日本人の頭脳

学術資料としてアメリカの大学に献納を予約。

平和によみがえった太平洋の波涛《はとう》を越えて、牧野博士の頭脳が学術資料として、はるばるアメリカ・コーネル大学に送られ、総司令部経済科学局でもこれを援助すると言う新生文化日本にふさわしい快適なニュースがある。

わが国植物学界の権威として知られている元帝大講師理学博士牧野富太郎氏は、今板橋区東大泉五五七のこんもり茂った森にある研究室で八十五歳の高齢も吹きとべといった元気さで植物の研究を続けている、土佐に生まれ、若い時から酒も飲まず、煙草もすわず、小学校を半途退学で独学力行、今日を築いた人だ、この人の頭脳なら立派なものだろうと、アメリカに永年滞在し民間外交官とまでいわれる谷郁一佐《たにむらいっさ》氏は、一九三七年、ニューヨーク・コーネル大学教授パペーズ博士の依頼により、牧野博士の頭脳を推奨《すいしょう》し、同氏を訪問して快だくを得たものである、

コーネル大学には、世界各国人の優秀な頭脳が一堂に集められているが、日本人の脳だけがないので、博士の頭脳がここに予約されたのだ、八十五歳といえば、こたつにでも入り隠居生活をしているのが世間の常識だが、博士は溢れる元気で、夜は午前一時から二時頃まで、時に徹夜までして一生の事業たる植物の着色、図説に没頭している、食料難のこのごろ、果たして健康が保たれるかと家人の心を痛めさせているくらいだ、この博士の頭脳なればこそ、各国優秀人の頭脳に伍《ご》して恥じぬものである、ただ脳の輸送は短時間が必要なので空輸しなければならない。

お役にたてば

右について牧野富太郎氏は語る。

私のような者の頭脳でも、世界学界のため多少なりお役に立つことになれば願ってもない喜びです。谷郁《たにむら》さんからお話があったので、喜んでお引き受けした次第です。

ある日の閑談

時　早春のある日、外にはまだ冷たい風が吹き、薄玻璃《うすはり》のような空に白雲が流れている。

所　牧野博士邸の椽側《えんがわ》、日はうららかに射《さ》し込《こ》んでいるが、かなりうすら寒い。

人　牧野博士（A）と編輯《へんしゅう》小僧（B）。

B「（卓上の花瓶《かびん》を指して）先生、ニシキマンサクが咲きましたね。原稿を戴《いただ》きに使いに出した女の人が先生から託《たく》されたと云《い》って、この花を持って来たとき、火の気のない寒い部屋に飾って春を待ったことをおぼえています。いかにも春の先触《さきぶ》れといったような花で、匂いも高いので、玻璃《はり》越しに、空の晴れた日は、何かしら春の幻想に浸ることができました」

A「そうだ、まだ空襲の烈《はげ》しい頃でしたね」

B「あとで終戦になった年の早春――そう、ちょうどいま頃でした。先生が自費で出された『混混録《こんこんろく》』の第二二号がなかなか出ないと云《い》って困ってらしたので、その頃同じところに勤務していた三浦逸雄《はやお》（イタリア文学研究家・詩人）と私とが相談して、場合によったら私たちでお引き受けして出そうというので、先生にもこのことを申し上げましたね」

A「そう、そう。それが終戦後、君が鎌倉書房に入って、長谷川さんの好意で更《あらた》めて第一号から出ることになったのですよ」

B「御罹災《ごりさい》なさらなくて国家のために何よりでした」
A「ありがとう。幸いに平和に還《かえ》った今日、天与のこの恩恵を活《い》かして、学問のために余生を剰《あま》すところなく捧げるつもりです」
B「終戦後、学問の自由が恢復《かいふく》して、日本もいよいよこれからですね」
A「しかし、それにつけてもこれから学問をする人には、よほどしっかりしてもらわにゃ困る。学者がこんな無自覚では国が持てぬ。あいも変らずジャガイモを馬鈴薯《ばれいしょ》と云《い》っているようではね」
B「お説によると、植物漢字名の謬《あやま》りは夥《おびただ》しいようですね」
A「そうです。サクラの桜、カシの樫、キノコの茸、スゲの菅、スミレの菫、フジの藤、クスノキの楠、シキミの樒、ケヤキの欅、ススキの薄、スギの杉、カヤの萱、アズサの梓、ヨモギの蓬、ハジの櫨、カエデの楓、ツキの槻、フキの蕗、ヒノキの檜など、数えればきりがないくらい誤用が多いですね。これにはどうしても改訓の漢和字典が必要です。誤りとも知らずに用いているのは日本文化の恥辱《ちじょく》だ、だいいち青年を誤るものですよ」
B「ひとつ、植物漢字典を作っていただけませんか」
A「それはぜひやりたいのですが……。しかし、そういう間違いだけでなく、絵などでももう少し植物の知識が欲しいですね。どうも間違いが多い。画伯《がはく》連中などもだいぶ間違った木や草を描いていますよ。……その点、森鴎外《おうがい》さんは感心でしたね。植物名について手紙でお尋《たず》ねを受けたことがあります［二一六頁「森鴎外と牧野富太郎」参照］」
B「いまの学者ではどなたにいちばん注目しておられますか」
A「新村出《しんむらいずる》さんとか柳田国男《やなぎたくにお》さんのお仕事には敬意を表しております」
B「新村先生、柳田先生と云《い》えば牧野先生も植物名の方言を採集しておいでですね」
A「ええ、だいぶ集めました。この方の整理もしておきたいと思うのですが……。それにつけても時間の経《た》つのが惜《お》しくてたまらん。余命はだんだん短くなるのに、あれもやりたい、これもやりたい。やり遂げにゃならんことが山とある」
B「それだけ長生きをなさればいいですよ。先生があの線の細かくこみいった精巧《せいこう》な図版をお描きになると聞いたら、たいていの人は驚きます。それに、御勉強ぶりは私たち若い者でもかないません。夜の二時三時に御就寝《ごしゅうしん》なさるというのですものね。この分だと、百歳はわけなくお生きになるでしょう」
A「百までは生きたいですね」
B「それはそうとして、この『混混録《こんこんろく》』は第百号まではどうしても続けましょう」
A「そりゃ愉快だ、ぜひそうしましょう（笑）」
B「それにしても、おいしいものを召し上ってますます若返っていただかなくてはなりません」
A「数年前、岩で滑《すべ》り背骨を強打したのがもとで、寒いと少々神経痛に悩まされるぐらいのもので、体はこのとおり健康です。若い時から山野に交わったせいですね」

森戸文部大臣へ進呈せる書翰《しょかん》

馬鈴薯《ばれいしょ》訂正の件につき、私は先日、次の書面を森戸〔辰男〕文部大臣宛に文部省に郵送しておいたが、大臣が私の進言に理あるものとして、幸いに嘉納《かのう》せられるか、但しは馬耳東風《ばじとうふう》と聞き流しそれを黙殺《もくさつ》せらるるかもとより予想はできないが、それは馬鈴薯の字面《じずら》の出ている文部省編纂《へんさん》教科書、すなわち学生に読ませつつある教科書中「馬鈴薯」字面の非を認めて、断然その「馬鈴薯」の字面を仮名と交替せしめて取り除くことを、教育のため、かつまた誤謬を覚え込む児童の不幸を救わんがため要請したものである。

それだから私は刮目《かつもく》してその成り行きの注視を怠らないであろう。もしも文部省がその分りきった当然の間違いを改めるに誠意なく、依然としてそれをそのままに捨ておくなれば、私は止むなく更に鉾《ほこ》を磨《みが》くより外致し方はないと感ずる。しかし文部省は文教の府だけに済々《せいせい》たる学者の淵藪《えんそう》でもあれば、必ず理のある我輩《わがはい》の言に耳を傾けることがないでもなかろうことを期待している。

書面の文

謹啓、文部省編纂の教科書にジャガイモを馬鈴薯と書いてあることを伝聞し頗《すこぶ》る遺憾《いかん》

じゃがたらいも

に思っています。元来ジャガイモに馬鈴薯の名を適用することは極めて非で決して当を得たものではありません。別包小包便で御手許へ進呈いたしました拙著『牧野植物随筆』を御覧下されて、それが正しくないということに御同意下さるならば、教科書の馬鈴薯の字面《じづら》を仮名でジャガイモと御改訂あられんことを日本教育のために希望致します次第であります。

昭和二十二年九月六日

牧野富太郎

森戸文部大臣御中

その後、まもなく同大臣から極めて御丁寧《ごていねい》な御返書を頂きました。そして馬鈴薯の出ている教科書の抜き書きまでも御送り下さいまして、その細心な御注意をも感謝しています次第であります。

『牧野植物混混録《こんこんろく》』

右の混混録は、著者多年蘊蓄《うんちく》せる植物の知識と、著者の新研究に依《よ》て得た知識とを綜合《そうごう》し、あたかも泉の混混《こんこん》として湧《わ》き出《い》ずるが如《ごと》く、平易なる文章、簡明なる文章、趣味饒《おお》き文章を以て綴《つづ》り、且《か》つ図を入れ、以て博《ひろ》く世に紹介せんとする著者の個人雑誌である。

幸いに世間の諸君子特別に好意的購読を賜《たま》われば著者並《ならび》に発行者の悦《よろこ》び且《か》つ光栄これに過ぐるものはない。殊《こと》に発行者北隆館は赤字の出ずるのを強いて我慢《がまん》し、学問のためまた著者のために義侠的《ぎきょうてき》にその出版を快諾《かいだく》し敢行する勇気を示してくれていれば、切に御同情下されんことを悃願《こんがん》致します次第です。

本誌は従来鎌倉書房の主人長谷川映太郎君の好意に因《より》て発行し来《きた》りしが、不幸にして戦争のためその出版が頓挫《とんざ》し、ために暫《しば》らく休刊を続けしが、今回前記の通り北隆館がこれを継承し再び発足することとなったのである。

昭和二十七年一月二十日

著者　牧野富太郎

敢て苦言を呈す

今日の時世は雑誌の一冊を作るにも、その労力、時間、用紙、印刷、並に費用など実に容易なことではありません。そしていまこの雑誌を進呈するにしても、その誌代、包装、郵税などは毎号のこととてなかなかその負担が軽くないのです。いままでの例に依《よ》れば、中にはその寄贈を受けても取りっぱなしで、ハガキ一本の礼状をも送り来ない人があったのはまことに苦々しい次第だ。御互いに特に交情相許《こうじょうあいゆる》す仲なればそれはまた格別であれど、右の行動に実に不愉快を感ぜずには居られません。この様に礼儀を無視して顧《かえり》みない御方には、不得止《やむをえず》本誌の進呈好意を見合わすより外ありませんから、その辺何卒《なにとぞ》悪しからず御諒察《ごりょうさつ》を願いおきます。

昭和二十七年一月二十日

著者　牧野富太郎

わが「植物哲学」を語る

私は植物の精である

私は生まれながらに草木が好きであった。ゆえに好きになったという動機は、別になんにもない。五、六歳時分から町の上の山へ行き、草木を相手に遊ぶのが一番楽しかった。どうも不思議なことには、私の宅《うち》では、両親はもとより、誰れ一人として草木の好きな人はなかったが、ただ私一人が生まれつき自然にそれが好きであった。それゆえに、私は幼い時から草木が一番の親友であったのである。後に私が植物の学問に身を入れて、少しも飽《あ》くことを知らなかったのは、草木がこんなに好きであったからです。そして、両親が早く亡《な》くなり、むずかしくいって私に干渉《かんしょう》する人がなかったので、私は自由自在《じゆうじざい》の思う通りに、植物学を独習《どくしゅう》し続けて、遂に今日《こんにち》に及《およ》んでいるのです。

もしも父が永く存命であったら、必然的に種々な点で干渉《かんしょう》を受くるのみならず、きっと父の跡《あと》を襲《つ》いで、酒屋の店の帳場《ちょうば》に座らされて、そこで老いたに違いなかったろうが、父が早くいなくなったので、その後は、なんでも自分の思う通りに通って来たのである。いま思うて見ると、私ほど他から何の干渉も受けずに、わが意思のままにやって来た人はちょっと世間には少なかろうと思う。

上のように、天性植物が好きであったから、その間、どんな困難なことに出会っても、これを排《はい》して、愉快《ゆかい》にその方面へ深く這入《はい》り這入《はい》りして来て、敢《あえ》て倦《う》むことを知らず、二六時中ただもう植物が楽しく、これに対していると、他のことは何もかも忘れて夢中になるのであった。こんな、あり様《さま》ゆえ、時とすると自分はあるいは草木の精じゃないかと疑うほどです。これから先も、私の死ぬるまでも、疑いなく私は、この一本道を脇目《わきめ》もふらず、歩き通すでしょう。そうして遂には、わが愛人である草木と情死《じょうし》し、心中《しんじゅう》を遂《と》げることになるのでしょう。

しかし、まことに残念に感ずることは、私のような学風《がくふう》と、また私のような天才（自分にそう言うのはオカシイけれど）とは、私の死とともに消滅《しょうめつ》して、ふたたび同じ型の人を得ることは恐らくできないということです。

人によると「私のような人は百年に一人も出んかも知れん」といってくれますが、しかし、私はそんな人間かどうか自分には、一向《いっこう》に分《わ》かりませんが、人様《ひとさま》からはよくそんなことを聞かされます。

私は毎日何をしているのか？

諸君が御承知《ごしょうち》の通り、私は植物分類学（Systematic Botany）が専門で、毎日夜、その方面の勉強を続け、断えず植物と相撲《すもう》をとっていて、敢て厭《あ》きることを覚えないばかりでなく、これが私の生まれつき一番な嗜好《しこう》で、この上もない趣味を感ずる研究なんです。もしも植物がなかったなら、私はどれほど淋《さび》しいことか、またどれほど失望するかと、時々そう思います。植物は春夏秋冬《しゅんかしゅうとう》わが周囲にあって、これに取り巻かれているから、いくら研究しても、後から後からと、新事実が発見せられ、こんな愉快《ゆかい》なことはないのです。

平素《へいそ》、見馴《みな》れている普通の植物でも、さらにこれを注意深く観察していきますと、これまでまだ一向に書物にも出ていないような新事実、それは疑いもなく、十分、学界へ貢献するにも足る新事実が見つかります。

一つ例を挙げてみると、通常、人家に植えてあるアノ「南天《なんてん》」は、誰れでも知っている、ごく普通の植物であるから、もはや別に新しい事実はありはしないと、誰れでもそう思うだろうが、それはまったく皮相《ひそう》の見で、古くからの書物にも載《の》っていない新事実を、この南天に見つけ得るのです。これは私がいまここで御話《おはなし》をする以外には、何んの書物にも書いてありません。

なんてん

まず第一に、南天の幹《みき》に互生《ごせい》に着いている葉柄《ようへい》の腋《えき》には、必ず一つずつの芽《め》、すなわち腋芽《えきが》を持っています。葉腋《ようえき》に芽を持つということは、植物体には普通のことなので、何にも珍しくいうには足《た》らないけれど、南天の芽に至っては、長い年数の間、一向に枯死《かれし》せずに生命を保《たも》っている事実がある。

南天の葉は、およそ三年くらい幹について生き繁《しげ》っているが、それが本《もと》の方から、だんだん上の方に向かって新陳代謝的《しんちんたいしゃてき》に枯れていき、その幹は、ただ梢《こずえ》の方にのみ、生きた葉が拡《ひろ》がり繁《しげ》っていて、それ以下の幹の大部分には、葉がすでに謝落《しゃらく》して、幹は一本立ちになっている。

この生活している葉の腋にはもとよりだが、なお枯れた葉の旧い葉腋にも、また前述の通りみな芽を持っていて、何年立っても枯れずに、幹にピッタリと平たく接着して生命を保ちつつ残っている、ゆえに南天の幹には、本の方から梢《こずえ》の方に至るまで、生きながらえている新旧の芽がある訳です。

幹を見ると、その古い部には無論《むろん》葉はないけれど、芽だけはチャンと残り、表面は黒ずんで目立たぬけれど、内部は依然《いぜん》として生気、すなわち生命を保っている。

一朝、南天の幹が切られるかあるいは折れるかすると、その切り口、折れ口より下方にある芽のどれかが芽を吹いて葉を出し、新枝となるのである。これは近縁な「ヒラギナンテン」(Mahonia Japonica DC.) でも同じことです。試みに南天の幹を伐《き》って見ると、必ずその切口の下の方にある用意の芽から、時こそ来《きた》れと、新しく芽出《めだ》って来るのを見受ける。このように南天は、他に比《ひ》することのできないような、心強い多くの芽を用意していることは、面白い事実であるというべきだ。

次にはまた南天に地下茎《ちかけい》を有し、それで繁殖《はんしょく》する事実も、従来の書物には一切書いてない。

この地下茎は、南天の株から四方に出で、長いものはおよそ四尺《よんしゃく》ばかりの距離に達する。そしてその末端から地上に茎と葉とを出して新たな株を作る。それが後に、その地下茎が枯死して朽腐《きゅうふ》すれば、ここに独立した南天の株となる。この地下茎は痩《や》せ、長い円柱形で黄色を呈《てい》しており、低い節《ふし》があって、その節から鬚根《ひげね》が輪生《りんせい》している。

南天の株本を踏《ふ》み堅《かた》めると、なかなか地下茎が伸び出ないが、軟《やわ》らな土質だとよくそれが発生する。そして南天が繁殖《はんしょく》するのである。すなわち南天は、もちろん果実でも繁殖するが、また地下茎、すなわち、地中枝《ちちゅうし》でも繁殖する二様の繁殖法を持っていることが知られる。

上に書いたように、南天の幹には新旧多くの腋芽《えきが》を持っておることと、地下茎《ちかけい》を有していることとは、前にも述べたように、これまでの多くの書物には書いてない新事実で、これはまったく私の新発見であると自慢してもよかろう。知れきった普通の南天でも、綿密に注意し観察すれば、従来まだ学界に知られていないこのような新事実が見つかるから、科学するには、なんでも細心綿密《さいしんめんみつ》な観察が必要であることはいうまでもない。

南天は日本と支那《しな》との原産灌木《かんぼく》で、支那名は南天燭《なんてんしょく》、一名は南天竹《なんてんちく》である。日本名となっているナンテンすなわち南天は、この支那名から導かれたものだ。南天は、わが国の暖国には山林地に自生がある。学名は Nandina domestica Thunb. で、そのナンデイナは南天に基《もと》づいた名、ドメスチカは、人家の庭に植え養われてあるからいう。ヘビノボラズ科に属し一属一種である〔現在はメギ科に分類される〕。南天には、園芸的の品種が多く、すなわち、キンシナンテン、イカダナンテン、ササバナンテンなどを初めとし、およそ二十品くらいもあるであろう。

南燭《なんしょく》というのは、ツツジ科の「シャシャンボ」、すなわち Vaccinium bracteatum Thunb. で、支那では、その葉汁で色の淡黒いいわゆる烏飯を作ることがある。日本の本草学者は、この南燭を南天だと勘違《かんちが》いし、したがって、その飯をナンテンメシと誤り呼んでいる一人の学者があるが、それは『本草綱目啓蒙《ほんぞうこうもくけいもう》』の著者小野蘭山《おのらんざん》であった。ナンテンの葉は有毒であるから、したがって南天飯を食えば、多分中毒するのであろう。

植物方言の蒐集

私はいまから二十八年ほど前の大正九年頃から、わが日本各地の植物方言を蒐《あつ》めているのだが、今日でもなおその手を緩《ゆる》めてはいなく、したがって、得ればしたがって録《ろく》しておくことを怠《おこた》らなく、一つでもたくさんにその数の増加せんことを庶幾《しょき》している。そしていま私の手許に勒《ろく》せられているその方言が、すでに相当な多数に上り、ノートブック十冊くらいの分量に達しているが、これは皆、私自身と他から親切にも報告してくれた協力者との結晶である。私は早晩《そうばん》それを、一書に編成することを期し、延《ひい》ては、これを印刷に付し、いささか斯界《しかい》に貢献したいと願念《がんねん》している。

今日わが植物界の人々は、なぜか余り植物の方言には重きをおいていないように感ずる。なんとなれば、その方面に努力している熱心家を見受けないからである、がしかし、この植物方言調査研究は、決して放漫《ほうまん》に付《ふ》してはならないほど重要なものである。これは民衆が植物の実物について実際に呼んでいる名であるのだから、その点から観《み》ても、民衆がそれに注意を向けて、それだけ知識を働かせている証拠になる。ゆえに方言がたくさんにあればあるほど、その国の民俗《みんぞく》文化の度が進んでおり、かつ開けている幟印《はたじるし》であるといえる。

すなわち人々が、それだけ注意力、思考力を使用しているからである。そしてその智能《ちのう》の結果から生まれ出たこの方言を、死滅させ葬《ほうむ》り去らせて顧《かえり》みぬことは、国の文運《ぶんうん》として許されないことで、強いてこれを等閑視《とうかんし》するのは、取りも直さず民衆思想の趨向《すうこう》を殺すものというべきだ。つまり、かくのごとく必要に応じて、自然に生まれ来た正しい事柄は、いつまでもこれを生かし、かつ育て上ぐべき義務を常に吾人《ごじん》は荷《にの》うているはずでないか。

子供などのいう方言には、その意味に頗《すこぶ》る興味を帯《お》びるものがあり、したがって子供の頭に閃《ひらめ》めくその知識も察知《さっち》せられる。たとえば、「スベリビユ」を「ヨッパライグサ」というがごとき、まことに面白く、それは子供がその茎をしごき、漸《ざん》次《じ》に赤色を呈《てい》せしめて、これを酔漢《すいかん》に擬《ぎ》し、酔《よ》ッ

すべりびゆ

ていかかずら

よぐそみねばり

パライ草《ぐさ》と呼んで遊ぶの類《たぐい》である。

また、現にその方言があったため、古来不明な植物が明らかとなり、重要な発見として世に浮かび出たものに「アズサ」がある。すなわち、この方言があったため、アズサの真物が初めて分かり、同時に梓をアズサとしていた旧来の誤りが是正せられた。

このアズサは、わが本草家たちが誤り呼んでいる「アカメガシワ」では決してなく、それはカバノキ属の「**ヨグソミネバリ**」であった。昔、この樹で弓を作り、信州飛州から朝廷に貢《こう》したものだ。梓は日本にはない支那特産の樹木で、キササゲ属に属し、「ウキササゲ（私の命名）」と呼ぶものである。もしも、アズサの方言がなかったならば、この問題は遂に解《と》けずに終わったのであろう。そして、これを証明決定したのは、故白井光《しらいみつ》太郎《たろう》博士の功績であった。

かの『古今集』の歌の「深山《みやま》には霰降《あられ》るらし外山《とやま》なるまさきのかづら色づきにけり」にある「マサキノカズラ」も、今日八丈島などに昔ながらのその方言が残っていたればこそ、それが「テイカカズラ」であることが分かった。それまでは、この「マサキノカズラ」を「ツルマサキ」だと間違えていた。このツルマサキには、敢て紅葉はできぬが、テイカカズラには濃赤《のうせき》色《しょく》の紅葉がその緑葉間に交わり生ずる。

このように植物の方言は、大分大切な役割りをもっているので、決してそれを忽諸《こつしょ》に付してはならない。これには苟《いやし》くも、わが日本に存するその方言を残らず採集してそれを網羅整頓《もうらせいとん》し、ここにこれを一書に纏《まと》めて僉載《せんさい》し、須《すべか》らく植物方言全集を完成して刊行すべきことを私は強調する。回顧《かいこ》すれば、いまから何年か前に一時、方言熱が勃興《ぼっこう》し、花火のごとく次々にその書物が発行せられたが、のち端《はし》なくも、依然《いぜん》としてその熱が冷却《れいきゃく》し、すなわち寂寞《じゃくまく》たる運命を辿《たど》る世となったのはまことに残念である。

私の信条

なんでもこうしようと思っている考えは、大小となく軽重《けいちょう》となく、いずれも信条《しんじょう》である。ですから、人々はたくさんな信条を持っているわけだ。それゆえ信条のない人は、恐らく世の中に一人もあるまい。

だが、信条には立派な信条もあれば、つまらぬ信条もある。偉大な人の信条は、この上もなく立派なものであるのだが、平凡な人の信条は、その人のようにまったく平凡である。

私は凡人《ぼんじん》だから、凡人並《な》みの信条を持っている。その中で、私として、もっとも大いなる信条は、わが日本の植物各種を極めて綿密にかつ正確に記載し、これを公刊《こうかん》して書物となし、世界の各国へ出し、大いに日本人の手腕《しゅわん》を示して、日本の学術を広く顕揚《けんよう》し、かつ学界へ対して、極めて重要な貢献をなし得べきものを準備するにある。つまり、各国人を、アットいわせる誇りあるものを作りたいのだ。そして日本人はこのくらい仕事をするぞと、誇示《こじ》するに足《た》るものを作らねばならん。

これは日本の植物学者にできぬ仕事かどうかといえば、それは確かにできる仕事であると、私はこれを公言し、断言するに躊躇《ちゅうちょ》しない。すなわち、この目的を以《もっ》て、すでにできたものが、私の著述《ちょじゅつ》の『大日本植物志』すなわち〝Icones Florae Japonicae〟であった。

私は大学にいる時、大学での責任仕事として、この大著述に着手した。それ私一人の編著《へんちょ》であった。そして、私を信じて初めてこの仕事を打ち立て、任《まか》せてくれた恩人は、当時、大学の総長の浜尾新《あらた》先生であった。

私はまもなく、浜尾先生の仁侠《にんきょう》により、至大《しだい》の歓喜、感激、乃至《ないし》決心をもって、欣然《きんぜん》その著述に着手した。私はこの書物について、一生を捧げるつもりでいた。

そして、次のような抱負《ほうふ》を持っていた。すなわち、第一には、「日本には、これくらいの仕事をする人があるぞ」ということ、その図は極めて詳細正確《しょうさいせいかく》で、世界でもまずこれほどのものがザラにはないこと、かつ図中植物の姿はもとより、その花や果実などの解剖図《かいぼうず》も、極めて精密完全に書くこと、その描図《びょうず》の技術は、極めて優秀にすること、図版の大きさを大形にすること、その植物図は、悉《ことごと》く皆実物から忠実に写生すること、このようにして、日本の植物を極めて精密にかつ実際と違《たが》わぬよう表わすこと。

まず、およそこんな抱負と目的とをもって、私は該《がい》著述の仕事を始めた。その原稿は、精魂《せいこん》を打ち込み、自分で描いて、これを優れた手腕のある銅版師《どうばんし》に托《たく》して、銅版彫刻《どうばんちょうこく》とし、あるいは、石版《せきばん》印刷としたが、後には、幾枚かのその原図を写生図に巧《たく》みで、私の信任する若手の画工《がこう》に手伝わしたこともあった。

この大冊《たいさつ》（縦一尺六寸、横一尺二寸）の第一巻第一集が、明治三十三年（一九〇〇）二月に出版せられて、西洋諸国の大学、植物園などへも大学から寄贈《きぞう》せられた。次《つ》いで、第二、第三、第四集と続けて刊行したが、元来、植物学教室で、当時、私は極めて不遇《ふぐう》な地位にありながら、奮闘《ふんとう》しておったため、教授の嫉妬《しっと》なども手伝って、冷眼《れいがん》せられ、悪罵《あくば》せられなどして、この『大日本植物志』の刊行は第四冊目でストップしてしまった。

いま思うと、これはこの上もない惜しいことで、もしも、これをいままでも続けていたなら、必ず堂々たる貴重本にもなっていたであろうし、また学問上へも相当貢献していたであろうが、短命で夭死《ようし》したので、まことに残念ながら、ただ四冊だけが記念として世に残ることとなった。

明らさまにいえば、今日の日本の植物界で、著者自身で精図《せいず》も描き、詳細無比《しょうさいむひ》の解説文も綴《つづ》る、このような仕事を遂行できる人は、恐らくこれなく、またチョット、そんな人は世に出ないのであろう。

これは著者が、よほど器用な生まれの人でない限り、それはできない相談だ。自慢《じまん》するようで可笑《おか》しいけれど、この『植物志』と同様な仕事を仕遂《しと》げる人は、まず今日では、率直にいえば、私自身より外にはないと断言してよいのであろう。

これは「狂人の言」かも知れないが、もしあれば、やって見るがよい、果《はた》して匹敵《ひってき》ができるかどうか、いつでも御手際《おてぎわ》を拝見しよう。私の残念でたまらないことは、この仕事が続かなかったことだ。この私の深い信条の仕事が、頓挫《とんざ》したことだ。これは日本の文化のために、この上もない惜しいことだが、しかし、とにかく四冊だけできた。嘘《うそ》と思えば、どなたでも右の四冊を御覧《ごらん》になって下さい。そうすれば、私が虚言《きょげん》を吐《は》いているか、妄言《もうげん》を弄《ろう》しているかが、よく分《わか》るであろう。

私のやりたいと思った、この大きな信条のその実行が、右のように挫折《ざせつ》したことは、日本のためにも、また、私のためにも甚《はなは》だ惜しい。これを思うと、涙がにじんでくる。私がいまもっと若ければ、ふたたび万難《ばんなん》を排して、仕事にかかるけれど、何をいえ、少し年を取り過ぎた。イヤ八十九歳でも、強いてやればできんことはない自信はあれど、他に研究せねばならぬ事項がたくさんあるから、この一事に安んじて、それを遂行する時間を持たない。

ただ、私のせめてもの思い出は、右『植物志』は、私の記念碑《きねんひ》を建てたようなものであると、自分で自分が慰《なぐさ》めている次第《しだい》だ。希《ねが》くは、将来、右の『植物志』と同様、否《いな》、それ以上の立派な仕事ができる人が、日本に生まれ出て、その誇りとする出来栄《できば》えを、世界万国に示されんことを庶幾《しょき》する次第《しだい》だ。

私の信条の大なるものは、まずかくの如《ごと》しだ。妄言多罪《もうげんたざい》、頓首《とんしゅ》々々。

わが生い立ち

私はかつて「帝国大学新聞」に、こんなことを書いたことがあります。それはすなわち、「私は植物の愛人としてこの世に生まれ来たように感じます。あるいは草木の精かも知れんと、自分で自分を疑います。ハハハハ、私は飯よりも女よりも好きなものは植物ですが、しかしその好きになった動機というものは実のところ、そこに何にもありません。つまり生まれながらに好きであったのです。どうも不思議なことには、酒屋であった、私の父も母も祖父も祖母も、また私の親族のうちにも、誰一人、とくに草木の嗜好者《しこうしゃ》はありませんでした。私は幼い時から、ただ何《なん》となしに草木が好きであったのです。

私の町（土佐佐川町）の寺子屋、そしてまもなく私の町の名教館《めいこうかん》という学校、それに次いで、私の町の小学校へ通う時分、よく町の上の山などへ行って植物に親しんだものです。すなわち植物に対して、ただ、他愛《たあい》もなく、趣味がありました。私は明治七年に入学した小学校が嫌になって、半途で退学しました後は、学校という学校へは入学せずに、いろいろの学問を独学自修しまして、多くの年所《ねんしょ》を費やしましたが、その間、一貫《いっかん》して学んだというよりは、遊んだのは植物の学でした。

しかし、私はこれで立身《りっしん》しようの、出世《しゅっせ》しようの、名を揚《あ》げようの、名誉を得ようの、というような、野心は、今日でもその通り、なんら抱いていなかった。ただ自然に草木が好きで、これが天稟《てんぴん》の性質であったもんですから、一心不乱《いっしんふらん》に、それへそれへと進んで、この学ばかりは、どんなことがあっても把握《はあく》して棄《す》てなかったものです。

しかし、別に師匠《ししょう》というものがなかったから、私は、日夕天然の教場で学んだのです。それゆえ、断《た》えず山野に出でて、実地に植物を採集し、かつ観察しましたが、これが今日私の知識の集積なんです」

というのでした。

こんなようなわけで、草木は私の命でありました。草木があって私が生き、私があって草木も世に知られたものが少なくないのです。草木とは何の宿縁《しゅくえん》があったものか知りませんが、私はこの草木の好きなことが、私の一生を通じて、とても幸福であると堅《かた》く信じています。そして、草木は私に取っては、唯一の宗教なんです。

私が自然に草木が好きなために、私はどれほど利益を享《う》けているか知れません。私は生来ようこそ草木が好きであってくれたと、どんなに喜んでいるか分りません。それこそ私は、幸いであったと、いつも嬉しく思っています。

「ハタットウ」と呼ばれる

私は今年七十八歳になりましたが、心身とも非常に健康で、絶えず山野を跋渉《ばっしょう》し、時には雲に聳《そび》ゆる高山へも登りますし、また縹渺《ひょうびょう》たる海島《かいとう》へも渡ります。そして何の疲労も感じません。私は上のように年が行っていますけれど、私の気持ちは、まず三十より四十歳くらいのところで、決して老人のような感じを自覚しません。もうこんな年になったとて、老人ぶることは私は大嫌いで、いつも書生のような気分なんです。

学問へ対しましても、いつも学力が足らぬという気が先に立ちまして、自分を学者だなんと大きな顔をしたことは一度もありません。それは私に接する人は誰でもそう感じ、そう思って下さるでしょう。少しくらい学問したとて、それで得意になったり、尊大に構えたりするのは、それはまったくヘソ茶もので、わが得た知識を、この宇宙の広大かつ深淵《しんえん》なことに比べれば、顕微鏡《けんびきょう》で観《み》ても分らぬくらい小さいもんダ、チットモ誇るに足らぬもんダ、オット、チョット脱線しかけたからまた元へ還《かえ》って、私の健康は上に書いたようだが、人間は何をするにも健康が第一であることは誰も異存はないでしょう。どんな仕事をするにしても、健康でなければダメで、時々病褥《びょうじょく》に臥《が》したり、薬餌《やくじ》に親しんだりするようでは、いかに大志を抱いていても決してこれを実行に移すことはできません。

さて、私の健康は何より得たかといいますと、私は前にいったように、幼い時から生来草木が好きであったため、早くから山にも行き野にも行き、その後、長い年月を経た今日に至るまで、どのくらい歩いたか分りません。それで運動が足ったのです。その間、絶えず楽しい草木に向かい、心神《しんしん》を楽しめ慰《なぐさ》めつつ自然に運動が足ったわけです。その結果、遂に無上の健康を贏《か》ち得たのです。

私の両親は、私の極《ご》く幼い時に、ともに若くて世を去りまして、私は両親の顔も両親の慈愛《じあい》も知りません。兄弟もなかったので、私独《ひと》りポッチであったのです。祖母《そぼ》が私を育てましたが、幼い時は大変に体が弱かったそうです。胸骨《きょうこつ》が出ているといって、心配してくれたことをウロ覚えに覚えています。クサギの虫、また赤蛙《あかひき》を肝《かん》の薬だといって食わされ、また時々痛いお灸《きゅう》をすえられました。私が酒屋の跡襲《あとつ》ぎ息子、それはたった一人生まれた相続者であったため、とても大事にして育ててくれたらしいのです。

少し大きくなりまして、十歳くらいにもなった時、私の体はとても痩《や》せていましたので、友達などは、よく牧野は西洋の「ハタットウ」だ、などとからかっていました。それは私の姿が何んとなく西洋人めいていて（今日でもそうらしいのです）、かつ痩《や》せて手足が細長いというので、「ハタットウ」といったもんです。ハタットウとは、私の郷里でのバッタの方言《ほうげん》です。こんな弱々しい体が、年とともに、だんだんと健康になり、ついに今日に及《およ》んでいます。

あと三十年は大丈夫ダ

そしてその間、大した病気に罹《かか》ったことがないのですが、私の今日の状態ですと、この健康はまず当分は続きそうです。今日、私の血圧は低く脈は柔かくて、若い人と同じであるので、医者は串戯《じょうだん》半分、「まずこの分ならばあと三十年は大丈夫ダ」といっていますが、しかし、これをお世辞《せじ》と聞いて、その半分生きても大したもんです。そうすると、私は九十くらいになる。どうかそうありたいもんだと祈っています。

あまり健康自慢をするようで、チト鼻につきますが、序《ついで》にもう少々述べますれば、私は一つも持病がありません。そして、いくら長く仕事を続けましても、決して肩が凝《こ》るナンテことはありませんから、按摩《あんま》は、まったく私には無用の長物《ちょうぶつ》です。逆上《のぼせ》も知らず、頭痛も滅多にしません。

また、夏でも昼寝をしません。また、夜は午前二時頃まで仕事を続けています。運動が足ったせいでしょう、胃腸《いちょう》がとても健全で、腹痛下痢《ふくつうげり》など、これまたまことに稀《まれ》です。食事の時、三ゼン御飯を食べれば、その二ゼンはお茶漬《ちゃづけ》です。そして直《す》ぐ消化してしまいます。夜は非常によく眠りますので、枕を着けると直ぐ熟睡《じゅくすい》の境に入ります。

私のこの健康を贏《か》ち得ましたのは、前にもいったように、まったく植物の御蔭《おかげ》で、採集に行くために運動が足ったせいです。そして山野へ出れば、好きな草木が自分を迎《むか》えてくれて、心は楽しく、同時に清新《せいしん》な空気を吸い、日光浴もできなどなど、皆健康を助けるものばかりです。その上私は、宅は酒を造《つく》っていましたけれど、酒が嫌いで飲《の》まず、また、煙草《たばこ》も、子供の時から吸いませんので、それがどのくらい私の堅実《けんじつ》な健康を助けているのか知れません。いまは耳が少しく遠くなりました外《ほか》、眼も頗《すこぶ》る明らかで（アミ版の目が見えます）、歯も宜《ヨロ》しく、そして、決して手も顫《ふる》えませんのは、なんと幸せなんでしょう。

それゆえ、まだ私の専門の仕事は、若い時と同じようにできますので、誠に心強く、これから死ぬまでウント活動を続けにゃならんと意気込《いきご》んでおります。先日、大学を止《や》めて、気も心も軽くなり、なんの顧慮《こりょ》することもいりませんので、この見渡す限りの山野にある、わが愛する草木、すなわちわが袖褸《しゅうろう》を引く愛人の中に立ち、彼らを相手に大いに働きます。そして、その結果、どんなものが飛び出すのか、どうぞこれから刮目《かつもく》して御待《おま》ち下されんことを願います。

わが片時《かたとき》の恋の「主」

以前、いつだったか、あることがヒドク私の胸に衝動《しょうどう》を与えたことがありました時、私は「草木の学問さらりと止めて歌でこの世を送りたい」と詠《よ》んだことがありましたが、ヤッパリ好きな道は断念できませんので、まもなく、これまでの平静な心に還《かえ》り、それは幻のように消えてしまいました。

赤黄紫さまざま咲いて
　どれも可愛い恋の主
年をとっても浮気は止まぬ
　恋し草木のある限り
恋の草木を両手に持ちて
　劣り優りのないながめ

草木への愛

終わりに臨《のぞ》んで、いま一言してみたいことは、私は草木に愛を持つことによって、人間愛を養成することが確かにできると信じていることです。

もしも私が、日蓮《にちれん》のような偉い人であったならば、私は草木を本尊《ほんぞん》とする、一つの宗教を建つることができたと思っています。草木は生き物で、そして、生長《せいちょう》する。その点、敢て動物とは異なっていない。草木を愛すれば、草木が可愛くなり、可愛ければ、それを大事がる。大事がれば、これを苦しめないばかりではなく、これを切傷《せっしょう》したり、枯らしたりするはずがない。そこで思い遣《や》りの心が自発的に萌《きざ》してくる。一点でもそんな心が湧出《ゆうしゅつ》すれば、それはとても貴《とうと》いもので、これを培《つちか》えば、だんだん発達して、遂《つい》に慈愛《じあい》に富んだ人となるであろう。

このように、草木でさえ思い遣《や》るようにすれば、人間同士は必然的に、なおさら深く思い遣《や》り、厚《あつ》く同情するのであろう。すなわち固苦《かたぐる》しくいえば、博愛心《はくあいしん》、慈悲心《じひしん》、相愛心《そうあいしん》、相助心《そうじょしん》が現《あら》われる理由《わけ》ダ。人間に思い遣《や》りの心があれば、天下は泰平《たいへい》で、喧嘩《けんか》もなければ、戦争も起こるまい。ゆえに私は、ぜひとも草木に愛を持つことを、わが国民に奨《すす》めたい。

しかし、なにも私のように植物の専門家になれというのではない。ただ、草木の愛好家《あいこうか》になればよい。ここにまことに幸いなことには、草木は自然に人々に愛せらるる十分な資格を供《そな》え、かの緑葉を見ただけでも美しく、その花を見ればなおさら美しい。

すなわち、誰にでも好かれる資質を全備《ぜんび》している。そして、この自然の美妙《びみょう》な姿に対すれば、心は清くなり、高尚《こうしょう》なり、優雅になり、詩歌的《しいかてき》になり、また、一面から見れば、生活に利用せられ、工業に応用せられる。そしてこれを楽しむに、多くは金を要しなく、それが四時を通じて、わが周囲に展開しているから、いつにても、思うまま容易《ようい》に楽しむことができ、こんな良好なかつ優秀な対象物が、またと再び世にあろうか。

わが日本の秀麗《しゅうれい》の山河《さんが》の姿には、そこに草木が大いなる役目を勤《つと》めているが、これが万古《ばんこ》以来、永く国民性を陶冶《とうや》した一要素ともなっている。けっして、かの桜花《おうか》のみが、敷島《しきしま》の大和《やまと》心《ごころ》を養成《ようせい》したのではない。

私はいま、草木を無駄《むだ》に枯らすことを、ようしなくなった。また、私は蟻一疋《ありいっぴき》でも、これを徒《いたず》らに殺すことをようしなくなった。そして、彼等に同情し思い遣《や》る心を、私は上に述べた草木愛から養《やしな》われた経験を持っているので、それで私はなおさら強くこれを世に呼びかけてみたいのである。

植物と心中する男

私は植物の愛人として、この世に生まれきたように感じます。あるいは、草木の精《せい》かも知れんと自分で自分を疑います。ハハハハ。私は飯《めし》よりも、女よりも好きなものは植物ですが、しかし、その好きになった動機というものは、実のところ、そこに何にもありません。つまり、生まれながらに好きであったのです。

どうも不思議なことには、酒屋であった私の父も母も祖父も祖母も、また、私の親族のうちにも誰一人、とくに草木の嗜好者《しこうしゃ》はありませんでした。私は幼い時から、ただ、なんとなしに草木が好きであったのです。私の町（土佐佐川町）の寺子屋、そして、まもなく私の町の名教《めいこう》館《かん》という学校、それに次いで、私の町の小学校へ通う時分、よく町の上の山などへ行って植物に親しんだものです。

すなわち、植物に対して、ただ他愛もなく、趣味がありました。私は明治七年に入学した小学校が嫌になって、半途《はんと》で退学しました後は、学校という学校へは入学せずに、いろいろの学問を独学自修しまして、多くの年所《ねんしょ》を費やしましたが、その間、一貫して学んだというよりは遊んだのは植物の学でした。

しかし、私はこれで立身《りっしん》しようの、出世しようの、名を揚《あ》げようの、名誉を得ようの、というような野心は、今日でもその通り何等《なんら》抱いていなかった。ただ自然に、草木が好きで、これが天稟《てんぴん》の性質であったもんですから、一心不乱《いっしんふらん》にそれへそれへと進んで、この学ばかりは、どんなことがあっても把握《はあく》して棄《す》てなかったものです。

しかし、別に師匠というものが無《な》かったから、私は日夕《にちゆう》天然の教場《きょうじょう》で学んだのです。それゆえ、断《た》えず山野に出でて、実地に植物を採集し、かつ観察しましたが、これが今日私の知識の集積なんです。

私が植物の分類の分野に立って、断えず植物種類の研究に没頭して、それから離れないのは、こうした経緯《いきさつ》からきたものです。烏兎匆々歳月人《うとそうそうさいげつ》を待たずで、私は今年七十二歳ですが、斯《か》く植物が好きなもんですから、毎年よく諸方へ旅行しまして、実地の研究を積んで敢て別に飽きることを知りません［「烏兎匆々《うとそうそう》」は、歳月の経過が早いこと］。

すなわち、こうすることが、私の道楽なんです。およそ六十年間くらいも、なんのわき目もふらずにやっております結果、その永い間に植物につき、いろいろな「ファクト」をのみ込んではいますが、決して、決して、成功したなどという大それた考えはしたことがありません。いつも書生気分で、「まだ足らない、足らない」と、わが知識の未熟で不充分なのを痛切に感じています。

それゆえ、「われらは学者で候《そうろう》」との大きな顔をするのが大きらいで、私のこの気分は、私に接するお方は、誰でもそうお感じになるでしょう。少しくらい知識を持ったとて、これを宇宙の奥深いに比《くら》ぶれば、とても問題にならぬほどの小ささであるから、それはなんら鼻にかけて誇るには足りないはずのものなんです。ただ、死ぬまで戦々兢々《せんせんきょうきょう》として、一つでも余計に知識の収得に力《つと》むれば、それでよい訳です。

私は右のようなことで、一生を終えるでしょう、つまり植物と心中《しんじゅう》を遂《と》げる訳だ。このように植物が好きですから、私が明治二十六年に大学に招《まね》かれて民間から入った後、ひどく貧乏した時でも、この植物だけは勇猛に、その研究を続けて来ました。

その時分は、とても給料が少なく、生活費、たくさんの子供（十三人でき）の教育費などで借金ができ、時々執達吏《しったつり》に見舞《みま》われましたが、私は一向に気にせず、押えるだけは自由に押えて行けと、その傍《わき》の机上《きじょう》で、植物の記事などを書いていました。こんなことの昔は、今日の物語となったけれども、いまだって、私の給料は、私の生活費には、断然、不足していますけれど、老躯《ろうく》を提《さ》げての私の不断《ふだん》のかせぎによって、これを補《おぎな》い、まず前日のようなミジメなことはなく、辛《かろ》うじて、その間を抜《ぬ》けてはおります。

私は経済上、余り恵まれぬこんな境遇《きょうぐう》におりましても、敢て天をも怨《うら》みません。また人をもとがめません。これはいわゆる天命で、私はこんな因果《いんが》な生まれであると、観念しておる次第です。

私は、来る年も、来る年も、左の手では貧乏と戦い、右の手では学問と戦いました。その際、そんなに貧乏していても、一っ時もその学問と離れなく、またそう気を腐《くさ》らかさずに、研究を続けておれたのは、植物がとても好きであったからです。気のクシャクシャした時でも、これに対するともう何もかも忘れています。

こんなことで、私の健康も維持せられ、したがって勇気も出たもんですから、その永い難局が切り抜けて来られたでしょう。その上、私は少しノンキな生まれですから一向平気で、とても神経衰弱《しんけいすいじゃく》なんかにはならないのです。私は幼い時から、いまでも酒と煙草とを飲みませんので、したがって、そんな物で気をまぎらすなんていうことはありませんでした。ある新聞に私を酒好きのように書いてありましたが、それはまったく誤りです。

前にも申しました通り、私も古稀《こき》の齢《よわい》を過しはしましたが、いまのところ昔の伏波《ふくは》将軍(注)のごとく、極めて健康で、若い時とあまり変わりはありません、いつか「眼もよい歯もよい足腰《あしこし》達者《たっしゃ》うんと働くこの御代《みよ》に」と口吟《こうぎん》しました。

しかし、何といったとて、百までは生きないでしょう。植物の大先達《だいせんだつ》伊藤圭介《いとうけいすけ》先生は、九十

【伏波将軍】中国新末期から後漢初期（紀元前十四〜四十九年）の武将である「馬援《ばえん》」のこと。号は、伏波将軍。六十歳を過ぎても戦場に出ることを光武帝に志願した。老いてなお盛んな人物を象徴する。

九で逝《い》かれた例もあれば、運よく行けば、先生くらいまでには、漕《こ》ぎつけ得るかも知れんと、マーそれを楽しみに勉強するサ。いま私には、二つの大事業が残されていますので、これから先は、万難を排して、それに向《むこ》うて突進《とっしん》し、大いに土佐男子の意気《いき》を見せたいと力んでいます。いい古した語ではあるが、精神一到何事不成《せいしんいっとうなにごとかならざらん》とは、いつになっても生命ある金言《きんげん》だと信じます。やア、くだらん漫談《まんだん》をお目にかけ、恐縮《きょうしゅく》しております。左に拙吟一首《せつぎんいっしゅ》。

朝な夕なに草木を友に
　　すればさびしいひまもない

植物に感謝せよ

植物と人生、これはなかなかの大問題で、単なる一篇《いっぺん》の短文では、その意を尽くすべくもない、堂々、数百頁の書物が作り上げらるべきほど、その事項が多岐多量《たきたりょう》で、かつ重要なのである。

ところが、ここには右のような、竜頭的《りゅうとうてき》な大きなものは、いまにわかに書くこともできないので、ほんの蛇尾的《だびてき》な少しのことを書いてみる。

世界に人間ばかりあって、植物が一つもなかったならば、「植物と人生」というような問題は起《お》こりっこがない。ところが、そこに植物があるので、ここに初めて、この問題が抬起《たいき》する。

人間は生きているから食物を摂《と》らねばならぬ、人間は裸だから衣物《いぶつ》を着《つ》けねばならぬ。人間に風雨を防ぎ、寒暑を凌《しの》がねばならぬから家を建てねばならぬので、そこで初めて、人間と植物との間に交渉があらねばならぬ必要が生じてくる。

右のように、植物と人生とは、実に離すことのできぬ密接な関係に置かれてある。人間は「四囲の植物を征服している」というだろうが、また、これと反対に、「植物は人間を征服している」といえる。そこで面白いことは、植物は人間がいなくても、少しも構《かま》わずに生活しているが、人間は植物がなくては生活のできぬことである。

そうすると、植物と人間とを比べると、人間の方が植物より弱虫であるといえよう。つまり、人間は植物に向《む》こうてオジギをせねばならぬ立場にある。衣食住は、人間の必要欠くべからざるものだが、その人間の要求を満足させてくれるものは植物である。人間は植物を神様だと尊崇《そんすう》し、礼拝し、それに感謝の真心《まごころ》を捧ぐべきである。

われら人間は、まず、わが生命を全《まっと》うするのが、社会に生存する第一義《だいいちぎ》で、すなわち、生命あってこそ、人間に生まれ来《こ》し意義を全うし得るのである。生命なければ、まったく意義がなく、つまり、石ころと何《なん》の択《えら》ぶところがない。

その生命を繋《つな》いで、天命を終えるまで、続かすには、まず第一に食物が必要だが、古来から人間がそれを必然的に要求するために、植物から種々様々な食物が用意せられている。チョット街を歩いても分かり、また山野を歩いても分かるように、街には、米屋、雑穀屋《ざっこくや》、八百屋《やおや》、果物屋《くだものや》、漬物屋《つけものや》、乾物屋《かんぶつや》などがすぐ見つかる。山野に出れば、田と畠《はたけ》とが続き、続いて、いろいろな食用植物が、実に見渡す限り、作られて地面を埋めている。

その耕作地外では、なお食用となる野草《やそう》があり、菌類《きんるい》があり、木の実もあれば、草の実もある。眼を転ずれば、海には海草があり、淡水には水草があって、皆、わが生命を繋《つな》ぐ食物を供給している。

食物の外《ほか》には、さらに、紡績、製紙、製油、製薬等の諸原料、また建築材料、器具材料などがあって、吾人《ごじん》の衣食住に向かって、限りない好資料《こうしりょう》を提供しているのである。そこで、吾《ご》人《じん》は、これら無限の原料を、よく有益に消化応用することによって、いわゆる利用厚生《りようこうせい》の実《じつ》を挙げ、幸福を増進することを得るのである。

長生の意義

人間のかく幸福ならんとすることは、それは人間の要求で、また、その長く生きて天命を終えることは、天賦《てんぷ》である。この天賦とこの要求とがよく一致併行《いっちへいこう》してこそ、そこに初めて、人間のこの世に生まれ出て来た真の意義がある。人間は、何故《なにゆえ》に長く生きていなければならぬ？　また人間は、何故《なにゆえ》に幸福を需《もと》むることを切望する？　の最大目的は、動物でも植物でも、およそ生きとし生けるものは皆敢《みなあえ》て変わることはない、畢竟《ひっきょう》人間は、わが人間種類、すなわちHomo sapiens の系統を、この地球の滅する極《き》わみ、どこまでも絶やさないように、これを後世に伝えることと、また長く生きていなければ、人間と生まれ来た責任を果たすことができないから、それである期間、生きている必要があるのである。

世界に生まれ出たもの、ただ、われ一人のみならば、別に何の問題も起こらぬが、それが二人以上になると、いわゆる優勝劣敗《ゆうしょうれっぱい》の天則《てんそく》に支配せられて、お互いに、譲歩《じょうほ》せねばならぬ問題が必然的に生じてくる。この譲歩を、人間社会に最も必要なものとして、その精神に基《もと》づいて、建《た》てた鉄則が、道徳と法律とであって、擅《ほしい》ままに跋扈《ばっこ》する優勝劣敗《ゆうしょうれっぱい》の自然力を調節し、強者を抑《おさ》え、弱者を助け、そこで過不及《かふきゅう》なく、全人間の幸福を保証したものだ。これが今日人間社会の状態なのである。

ところが、そこに、たくさんな人間がいるのであるから、その中には、「他人はどうでもよい、自分独《ひと》りよければそれで満足だ」と、人の迷惑も思わず我利《がり》な行いをなし、人間社会の一人としては実に間違った考えを、その通り実行するものがあって、社会の安寧秩序《あんねいちつじょ》が、いつも脅かされるので、そこで識者は色々な方法で、人間を善に導き、社会を善くしようと腐心《ふしん》している。いまたくさんな学校があって、人の人たる道《みち》を教えていても、続々と、不良な人間が後から後から出て来て、ひどく手を焼いている始末《しまつ》である。

植物と宗教

私は草木に愛をもつことによって、「人間愛」を養うことができ得ると確信して疑わぬのである。もしも、私が日蓮《にちれん》ほどの偉《え》ら物《ぶつ》であったなら、きっと私は、草木を本尊《ほんぞん》とする宗教を樹立《じゅりつ》して見せることができると思っている。私はいま、草木を無駄《むだ》に枯《か》らすことをようしなくなった。また、私は蟻一疋《ありいっぴき》でも、虫などを無駄に殺すことをようしなくなった。この慈悲的《じひてき》の心、すなわち、その思い遣《や》りの心を、私は何んで養い得たか、私はわが愛する草木で、これを培《つちこ》うた。また、私は草木の栄枯盛衰《えいこせいすい》を観《み》て、人生なるものを解《かい》し得たと自信している。

これほどまでも草木は、人間の心事《しんじ》に役立つものであるのに、なぜ世人は、この至宝《しほう》にあまり関心を払わないであろう？　私はこれを俗にいう「食わず嫌い」に帰《き》したい、私は広く四方《しほう》八方《はっぽう》の世人《せじん》に向《む》こうて、まあウソと思って一度味わって見て下さいと絶叫したい、私は決して、嘘言《きょげん》は吐《は》かぬ。どうか、まずその肉の一臠《いちれん》を嘗《な》めて見て下さい。

草を褥《しとね》に木の根を枕花と恋して九十年（高知県立牧野植物園提供）

皆の人に思い遣《や》りの心があれば、世の中は実に美しいことであろう、相互に喧嘩《けんか》も起こらねば、国と国との戦争も起こるまい。この思い遣りの心、むずかしく言えば博愛心《はくあいしん》、慈《じ》悲心《ひしん》、相愛心《そうあいしん》があれば、世の中は必ずや静謐《せいひつ》で、その人々は確かに無上の幸福に浴《よく》せんこと、ゆめゆめ疑いあるべからず、世のいろいろの宗教は、いろいろの道をたどりて、これを世人に説いているが、それを私は敢て理屈をいわずに、ただ感情に訴えて、これを草木で養いたいというのが私の宗教心であり、また私の理想である。私は諸処《しょしょ》の講演に臨《のぞ》む時は、機会ある毎《ごと》に、いつもこの主意《しゅい》で学生などに訓話《くんわ》している。

また、世人《せじん》がなお草木に関心を持っていなければならないことは、これが国を富ます工業と大関係があるからである。日本の国は富まねばならぬ。今日《こんにち》世界の情勢を観《み》、また、わが国の現状を見つむる者は、わが国を富ますことは何より大急務であることを痛感するのであろう。わが国はこれから先ウント金がいる、国民は、このわが帝国を富ますことに、大覚悟《だいかくご》を持たねばならぬ。金は国力を張《は》る一つの片腕である。人間無手《むて》の勇気ばかりでは、国は持てぬ、独立も出来ぬ。一方に、燃ゆるがごとき愛国心と勇気、一方に、山と積む金、この二つの一つを欠けば、国が亡びる運命に遭遇《そうぐう》する。

そこでこの金を、工業を隆盛にして拵《こしら》える。その原料は、これを世界に需《もと》め、それを日本人の手によって製品化し、一つは、吾人《ごじん》の生活を改善安定し、一つは、それを世界の人間に供給して金を集《あつ》むる。

その工業の原料の一切なる一つは植物であることは、識者を俟《ま》って知るのではない。その天産植物を利用するに、その植物に関心を持ち、その知識のある人が多くなればなるほど、効果が挙がり、結果がよい訳だ。未知の原料は、世界に多い。植物に知識あるものは、それを捜《さが》し出しやすい。すなわち新原料が出てくるのである。一般の国民が植物に対して、多少でも知識があれば、その新原料は続々と急速度に見つかることであろう。

この点から見ても、一般の国民に、この方面の知識を普及させておくのは、真に国家のために必要である。私は世人に初めは趣味を感ぜさせることから進んで、次にその知識を得させ、そして、このような国民を駆って、その有用原料を見つけるに血眼《ちまなこ》にならしめたい。学校で植物学を教えるにも、先生はこんな道理をも織《お》り込《こ》んで、他日、必ずや日本帝国の中堅《ちゅうけん》となるべき、今日の寧馨児《ねいけいじ》を教育せられんことを国家のために切望する。右は、止《や》むに止《や》まれぬ、大和魂《やまとだましい》の迸《ほとばし》りである。

以上、植物と人生の一斑《いっぱん》を述べたから、ひとまず茲《ここ》に筆を擱《お》くことにした。

底本：「牧野富太郎自叙伝」講談社学術文庫、講談社
　二〇〇四（平成十六）年四月十日第一刷発行
底本の親本：「牧野富太郎自叙伝」長嶋書房
　一九五六（昭和三十一）年十二月

付記

森鷗外と牧野富太郎

本書の一七八頁「ある日の閑談」の節で、富太郎は「森鷗外」について触れている。ある編集者と植物漢字名の「誤り」について対談している中で、「鷗外」の名前が、さりげなく富太郎の口から肯定的な事例として登場している。編集者の「ひとつ、植物漢字典を作っていただけませんか」という問いかけに対し、富太郎は次のように答えている。

「それはぜひやりたいのですが……。しかし、そういう間違いだけでなく、絵などでももう少し植物の知識が欲しいですね。どうも間違いが多い。画伯《がはく》連中などもだいぶ間違った木や草を描いていますよ。……その点、森鷗外《おうがい》さんは感心でしたね。植物名について手紙でお尋《たず》ねを受けたことがあります」

文豪・森鷗外と植物学者・牧野富太郎との接点は意外の感もあるが、興味深いものがある。

牧野富太郎と森鴎外は、ともに文久二年（一八六二）の生まれである。

牧野富太郎が昭和三十二年（一九五七）まで満九十四歳の天寿を全うしたのに対し、鴎外は大正十一年（一九二二）に満六十歳で没している。富太郎は老境に入っても、多くの話題を世間に提供した人物だったことから、あたかも、二人は、別世代の人物であるかのように映る。

しかし、二人は活動する領域こそ異なるものの、同じ時代の空気を吸って成長してきた。鴎外と富太郎は、激動の幕末期に生まれ、六歳の幼少期に明治維新を迎え、明治十年代後半から多感な青春期を過ごしている。

ともに江戸時代の漢学的な教養を身体の内側に蓄え、西欧文明の先進的な文化の飛沫《しぶき》を満身に浴びている。かたや東京帝国大学理学部植物学教室という官学の中に、「在野」の講師として日本のフローラ（植物相）を確立する夢に邁進し、かたや、陸軍軍医という官界に身を置きながら、在野の文学者としても活躍するという、あたかも境界を跨いだ活躍をしたという意味では、二人は似たような二重性を孕《はら》んだ環境で生涯を送っている。

なぜ、このような「植物漢字典」をめぐる会話の中で、鴎外が登場したのだろうか？　実は、植物の名称について、鴎外も富太郎と同じような「意見」と「感性」をもっていたことに起因している。とくに、植物の漢名や和名、古典に対する情緒、理解の深さは近似する。二人の貴重な接点は、ある樹木の名前（漢字名）に対する鴎外の「疑問」から発している。

その出会いの詳細な顛末《てんまつ》は、大正五年六月二十五日から一年以上に及び「東京日日新聞」と「大阪毎日新聞」に連載された鴎外最長の大作『伊沢蘭軒《いざわらんけん》』の中に登場する。

主人公の「伊沢蘭軒」は、江戸時代後期の漢方医であり、考証家（校勘家）でもある。鴎外は自身と似たような境遇にあった医師にして知識人（文化人）でもある蘭軒の家系と交友する人物たちを「史伝」として縦横に語っている。牧野富太郎が登場するのは、「その二百九十五」と「その二百九十六」である。

文久二年（一八六二）生まれの二人は、樹木名に対する疑問によって人生を交錯させることになった。その交錯の軌跡は、鴎外の史伝『伊沢蘭軒』の中に刻印されたのである。鴎外の文体は、漢文調に傾斜した感があり、現代ではいささか晦渋《かいじゅう》な文体になっている。

ここでは、より分かりやすい現代語に近い文体に編集部の方で書き改め、富太郎が挿話として登場した『伊沢蘭軒』の「その二百九十五」と「その二百九十六」の段を紹介してみたい。

『伊沢蘭軒』

その二百九十四　［蘭軒医談校刻《らんけんいだんこうこく》］

わたしは、安政丙辰《へいしん》（一八五六年）に「蘭軒医談」の版木の校正［校刻］がなされたことを記した。この書は、いわゆる随筆の体裁を成しており、収録する物の種類の範囲は非常に大きくて広い。わたしは本書を読み進めた際に、一つの事柄が強い注意を惹いた。それは「楸《しゅう》」は何の木であるのかという問題である。

「楸」は詩人が慣用する字である。それにもかかわらず、わたしは「楸」が何の木であるのかを知らない。

「蘭軒医談」に「楸字」の異説がある。しかし、その異説がわたしの目を惹いたのには、それなりの理由がある。

数年前に、わたしは亀田鵬斎《ほうさい》の書幅を手に入れた。鵬斎は韓昌黎《かんしょうれい》の詩を書している。

幾歳《いくさい》か生成して大樹《たいじゅ》と為《な》る、一朝纏繞《てんぜう》せられて長藤《ちょうとう》に苦しむ。誰《た》人《れ》か与《ため》に青蘿帔《せいらひ》を脱せしめ、高花《こうか》を吐《は》くこと万万層《ばんばんそう》なるを看《み》ん。

わたしはこの書幅を壁上に掲げること数日間に及んだ。この詩はわたしにとって未知の詩であった。大樹の何の木であるのかも、また、わたしの知るところではなかった。

しかしこの詩は、わたしに奇妙な感を催《もよお》させた。それは「大樹」とは唐朝のことであり、長藤《ちょうとう》とは宦官《かんがん》のことだと思ったのである。平生わたしは詩を読んで強いて寓意《ぐうい》を突き詰め、問いかけるようなことはしなかった。それゆえ、「詩経」の註を初めとして、杜詩の註などに至っても、註釈者の言葉に「こじつけ」の痕跡を感じる度に、わたしは度々、巻を放り出して読むことを止めたほどであった。ただ、韓のこの詩だけは、わたしをして、唐代宦官の禍《わざわい》を強く想起させたのである。

わたしは遂に、この詩を暗記した。しかし、いまだ思うところの木が何であるかは分からなかった。一日、わたしは、ふと、これを知ろうと思い、二三の漢籍の辞書［類書］を調べてみた。そして、「五車韻瑞《ごしゃいんずい》」の中に、この詩を見つけたのである。惜しいことには、引用する箇所は本題に及ばず、わたしは遂に大樹が何の木であるのか、知ることができなかった。

わたしは人に「昌黎集《しょうれいしゅう》」を借りて調べてみた。巻九《けんのく》に「楸樹」の詩三首があって、鵬斎の書した詩は「其二」であった。わたしは積極的に、「楸」が何の木であるのかを問い質《ただ》した。

この問題は非常に困難である。「説文」によれば、「楸」は「梓《し》」である。「爾雅《じが》」を調べてみると、稲《とう》、楰《ゆ》、櫰《くわい》、槐《くわい》、榎《か》、楸《しう》、椅《い》、梓《し》などが、皆、お互いに似た種類のものらしく、これらは専門家でなければ、識別するのは難しい。

今「蘭軒医談」に目を通すと、「楸は、あかめがしはなり」と言っている。そして、辞書には古《いにしえ》の「あづさ」が、すなわち、今の「あかめがしは」であると言っている。わたしはここに至って、やや、解答の端緒を得たような思いがした。その理由は、「楸、古言《こげん》あづさ、今言《きんげん》あかめがしは」となるからである。

しかし、自然の植物が果たして、このようなものであったのだろうか。また、もしこのようなものだったのならば、「梓」は何の木なのであろうか。わたしは植物学の書について捜索してみた。一、「楸」はカタルパ、ブンゲイである。二、「あづさ」は、カタルパ、ケンプフェリ、「きささげ」である（以上、紫葳《しゐ》科）。三、「あかめがしわ」はマルロッス、ヤポニクスである（大戟《たいげき》科）。ここにおいて、せっかくの見通しが四花八裂してしまった。そして、「梓」が何の木であるのかは、容易に調べられなかった。畢竟《ひっきょう》自然学上の問題は、机上において解決できるものではない。

ここに至って、わたしは一歩退き、牧野富太郎さんを敲《たた》いたのである。

その二百九十五［蘭軒医談と楸字《しうじ》］

わたしは「蘭軒医談」楸字の説への関心に始まり、ラビリントス［迷宮］の内側に入り込み、そこから脱出することができなくなり、救いを牧野氏に求めた。幸いに牧野氏は、わたしに教える労を惜しまなかった。

「一、楸は、本草家が通常『きささげ』としている。カルタパ属の木である。博物館［東京帝室博物館］内にある」。

わたしは、賢所参集所《けんしょさんしゅうじょ》［皇居内の天照大神の鏡を祀る所］の東南にも一株《しゅ》あったかと記憶する。

「二、『あかめがしは』は、普通に『梓《し》』としてある。上野公園入口の左側土堤《さそくどて》の前、人力車の集まるところに列植《れっしょく》してある。マルロッス属の木である」。

「三、『あづさ』は、いまの呼び名『よぐそみねばり』、また『みづめ』、学名ベッラ、ウルミフオリアで、樺木属《くわぼく》の木である。西は九州より東北地方までも広く分布せる深山《みやま》の落葉木で、皮を傷つくれば一種の臭気がある。これが昔、弓を作った材で、いまも秩父では『あづさ』と称している。漢名はない」。

問題はここに解決したらしい。わたしは牧野氏の書簡を抄するに当たって、植物名の末尾にある人名を省略した。原文は横文で一々人名が付してあったのである。

わたしは話のついでに言っておきたいことがある。昔の漢医方時代には、詩や離騒《りそう》の動植物の研究をした書が多く出た。わが万葉集の動植物の考証なども、また同じである。それなのに、西学が東漸《とうぜん》して文化の大いに開けたいまの世に、絶えてこの種の書が出るのを見ないのは残念である。わずかに耳にするところによれば、いまの博物学の諸大家は、いわゆる漢名和名の詮議は無用だと言っているそうである。漢名和名の詮議が博物学に貢献するところが少ないのは、その通りであろう。しかし、詩を読み、離騒を読み、万葉集を読むものは、その詠ずるところの何の草、何の禽《とり》、何の獣であったかを思わずにはいられない。いまより究《きわ》め知ることのできる限りは、究め知りたいものである。漢名和名の詮議が無用だとする説は、これを拡大していくと、古典は無用であるという主張に帰着するであろう。いまの博物学の諸大家の説に、あきたらない所以《ゆえん》である。

わたしは右の詩、離騒、万葉などの物名を考究するに先だって、広く動植金石の和漢名を網羅した辞書を編纂することの必要を思う。その体裁は、ほぼ松村氏の植物名彙《めいい》、小藤《ことう》氏の鉱物字彙《じい》などのように、これに索引の完全なるものを付すべきであろう。物名はその学名あるものは、これを取ること、植物名彙の例のような使い勝手のよいものにする。そうでない場合は、英独名を取ること、鉱物字彙のようにするべきか否かは、ここによく考量する余地がある。索引は二書を見ると、ローマ字の国語にしてあるが、これはもっぱら、いまの和名に従い、これはいわゆる漢語が過半を占めている。これは通用語の必然的な結果である。わたしはこのようなものの他、漢字の索引を必要不可欠のものとする。

＊現代語訳をしたテキストの原文は、『鴎外歴史文學集　第九巻・伊沢蘭軒（四）』（岩波書店）を参照した。

新訂　牧野富太郎自叙伝

二〇二三年四月十五日　発行
二〇二三年十月三十一日　三刷

著　者　牧野富太郎
発行所　三四郎書館
〒330-0052　埼玉県さいたま市浦和区本太一-四-十一
電　話　〇四八-八八一-〇七五五
装　丁　島﨑　ゆみ
印刷所　モリモト印刷㈱

ISBN978-4-9912993-0-8　Printed in japan